元プロボクサーが発案

売れる営業に変わる37のトレーニング

西野龍三
ボクシング式営業術伝道師

合同フォレスト

「攻撃は最大の防御」であるが、格下の相手にしか効かない理由

「攻撃は最大の防御なり」という格言を聞いたことはありますか？

ボクシングの世界では通常、パンチを出し続ければ、相手は防御に手一杯となり、戦いに勝利することができる、という戦法を意味しています。

営業においても、お客様が「ほしいと考えているものが明確で、目の前にあるなら」、この戦法でどんどん攻めていったほうが、購入につながると考えるのが一般的です。

しかし、当然ですが、「ほしいものがあったとしても」、すべてのお客様が購入するとは限りません。「いいものがあれば買おう」とか「とりあえずお店に行ってみよう」というように、「買うかどうか分からない状態」または「何がほしいのかを分かっていない状態」で来店することもあります。

このように「簡単には購入を決めないお客様」を相手にする場合を、ボクシングにおける「格上の相手」と対戦するときに置き換えて考えてみましょう。

ボクシングでは、格上の相手と対戦する場合に、攻撃一方では反撃のカウンターパンチを受けて沈没、ということになりかねません。では、どうすれば格上の相手に勝てるチャンスが生まれるのでしょうか。

まずはジャブを打って相手との距離感をつかみ、相手の力量を測ります。次に相手の強みと弱みを見極め、基本に忠実に試合を進めることが勝利への突破口を開くことになります。

営業においては、お客様と話を始める最初の3分が最も大切であり、ここで効果的なトークができるかどうかに、その後の展開が懸かっています。

お客様が緊張している状態では、距離感が近いと不快に感じ、逆に緊張が緩和すれば、距離感が遠いと物足りなく感じます。

私は過去に、元WBC世界チャンピオンの内藤大助さんとプロデビュー戦で対戦しています。その試合では、私は最初からラッシュをかけました。しかし、内藤さんはさすがに後の世界チャンピオンとなるだけあって、見事なタイミングでカウンターパンチを繰り出しました。まったく距離感がつかめていなかった私は、その餌食になって、KO負けとなったのです。

ボクシングを引退後、大手住宅メーカーで注文住宅の営業に就きました。1件が何百万円、何千万円という高額契約になりますから、ただ闇雲の戦法では、お客様の決断を引き出すことができません。

ボクシング経験から編み出した営業テクニックとお客様の心をつかむ心理効果を活用して、まったく売れないスランプ期を乗り越え、2015年に業績表彰を受けた後、最終的には100棟以上の受注、引渡実績を上げることができました。

本書では、対戦相手と直接やりあうボクシングという過酷な格闘技から学んだ試合テクニックを、営業というこれも生身の相手を目の前にして駆け引きし、応用・展開していく「ボクシング式営業術」としてまとめました。

懐かしいボクシング漫画『あしたのジョー』(高森朝雄・ちばてつや、講談社)や、現在も『週刊少年マガジン』に連載中の人気漫画『はじめの一歩』（森川ジョージ、講談社）などのシーンも例として取り上げていますので、ボクシングやボクシング漫画のファンの皆さんにも楽しんでもらえたら幸いです。

ビジネス本や営業術の解説書が取っつきにくくて、最後まで読めなかったという方にも、気軽に読んでいただけるような内容になっています。ぜひ、皆さんの営業活動の参考にしていただけたらうれしいかぎりです。

● もくじ ●

Round 1 失敗しない顧客開拓と見込み客づくり

Round 2 アポイントを確実に取るテクニック

Round 3 商談力を上げるシミュレーションとトレーニング

Round 4

商談を成功させる顧客心理コントロール術

Round 5
新規顧客の紹介につなげるアフターフォロー術

Round 1

失敗しない顧客開拓と見込み客づくり

1

商談の結果を左右する挨拶と第一印象

▼ジャブの打ち方を知る

巨匠ちばてつやのボクシング漫画の名作『あしたのジョー』の第1巻では、トレーナー兼ボクシングジム会長の丹下《たんげ》段平《だんぺい》が、主人公の矢吹丈《やぶきじょう》にパンチの打ち方を解説した手紙「**あしたのために**」を送るシーンが登場します。

その手紙は、少年院に入れられた矢吹丈に宛てられたもので、少年院の中でもボクシングの自主トレができるように、丹下段平が送り続けます。

手紙「**その1**」**がジャブ**、「**その2**」**がストレート**と、まるで通信教育ですが、「あしたのために　その1」の内容を実践した矢吹丈は、ジャブの威力に驚くと同時に、師匠である丹下段平の自分に懸ける熱量とその指導力を感じ、いつしか強い信頼を寄せるようになっていきます。

あしたのために（その１）＝ジャブ＝

攻撃の突破口をひらくため　あるいは敵の出足をとめるため　左パンチを

こきざみに打つこと

このさい　ひじを左わきの下からはなさぬ心がまえでやや内角をねらい

えぐりこむように打つべし　せいかくなジャブ三発につづく右パンチは

その威力を三倍に増すものなり

（『あしたのジョー』第１巻、高森朝雄・ちばてつや、講談社）

ここで注目したいポイントは次の３つです。

①攻撃の突破口を開く

②敵の出足を止める

③正確なジャブ３発に続く右パンチの威力を３倍に増す

これを実際の営業に置き換えると、以下のようになります。

①**「攻撃」＝「トーク、話」と置き換え、「話をよく聞いてもらえること」の突破口になる**

②**「敵の出足を止める」＝「話がしやすい状況をつくる」**

③**「ジャブ3発」＝「挨拶」「自己開示」「オープニングトーク」**。**「右パンチ」＝「次の話、次のもっと重要度の高い話」の内容をより効果的に伝えるためのジャブ**

ボクシングの**ジャブは相手との距離を測り、次のパンチつまり、右ストレートを打ちやすくする効果のあるパンチ**です。

ジャブを受けた相手がパンチをかわすためにガードをしたり、上体を大きく動かしたりしながら、ジャブの動きに振り回されることによって、次第に防御に隙が生まれます。そのときが、次のパンチを当てる絶好のチャンスです。

このように、こちらから仕掛けることによって、対戦相手の情報をつかみ、次の攻撃につなげていくことができます。さらにはジャブ自体が、こちらからは当たりやすく、相手から打たれにくいモーションの小さいパンチなので、攻撃と防御とのバランスを取ることができます。

営業における「ジャブの1発目」となる「挨拶」は、**お客様との距離を縮める**第一歩になりますし、挨拶によって**話をしやすい状況をつくる**ことができるので、次に続くトークを効果的なものにします。

最初から、自分自身のことや、商談に必要な情報を教えてくれるお客様はほとんどいませんから、まずは挨拶をして、こちらから声をかけるのです。

挨拶は、**「姿勢よく」「とにかく笑顔」「声のトーン」（大きく、高め、ゆっくりと）**がポイントです。

心理学では、第一印象の重要性を裏づける3つの法則や効果が解説されています。

1つ目は、「メラビアンの法則」です。**「出会って数秒で印象が決まる」**「話す内容より、**声の調子や見た目のほうがはるかに印象に残る**」というものです。

また、初対面のときに影響力が強い情報は、「視覚が55％、聴覚が38％、言語が7％」といわれます（図1－1）。

図１－１　メラビアンの法則

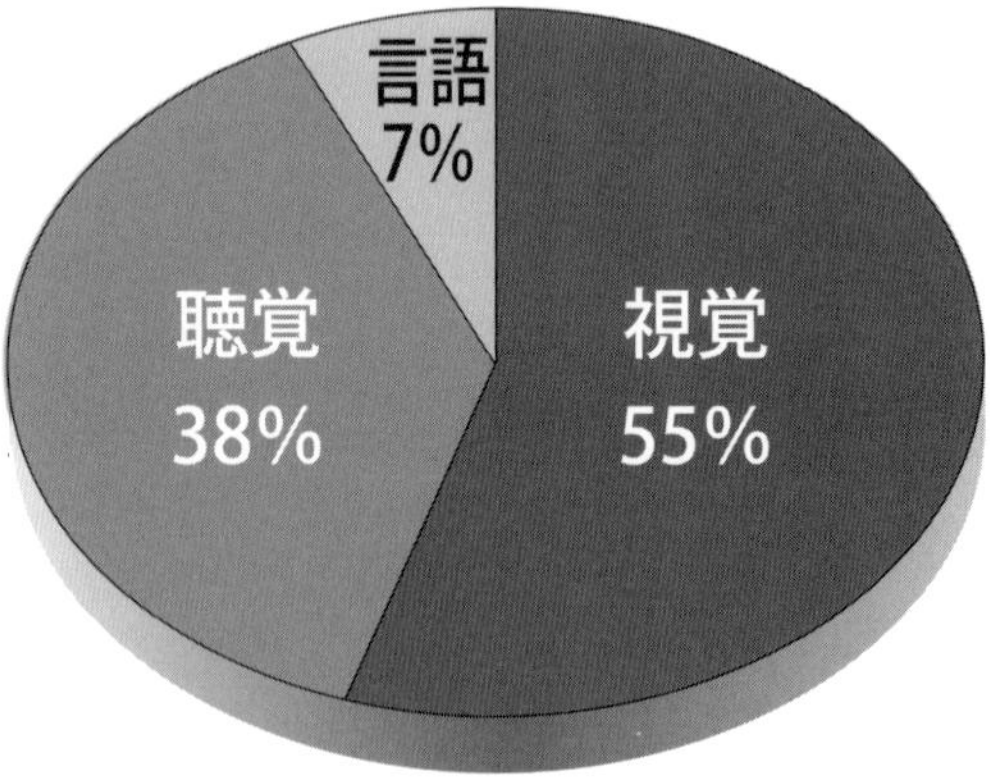

将来の結婚相手と出会ったときに、「第一印象で決めた」とか「運命の出会いに感じた」といわれるように、営業においても最初の印象がその後のつき合い方を決めてしまうのです。

２つ目は、「初頭効果」です。**「最初の印象がそのまま継続**し、それを**変えることは難しい」**というものです。

３つ目は、「ハロー効果」です。「よい印象をもつとその印象につられ、その人がもつ能力や人格などの他の部分もよく見えてしまう」という効果です。つまり、**出会ったときに「第一印象をよくする」**ことができれば、**その印象を「ずっと継続」でき、**さらには**「能力のある人だと思ってもらえ**

る」ということです。

第一印象では、もちろん服装や髪型などの清潔感はとても大事ですし、においなどにも気をつけなければいけません。社会人としての最低限の身だしなみは大前提であることは言うまでもありません。

お客様との「**ファーストコンタクト**」でいかによい印象をもってもらい、次のステップに進む際に必要かつ重要な情報を得られるか、まずはここに力を注ぎます。

■「ファーストコンタクト」の４つのポイント

①出会いに感謝し、とびきりの笑顔で挨拶する
②感謝の気持ちを込めて、元気よく、高めの声でゆっくりと話す
③姿勢をよく、身だしなみや服装などの見た目の印象をよくする
④相手の名前を呼ぶ

電話で営業先を探す場合は、声のトーンを高めに、元気のよい挨拶で「○○様、おはようございます」と話し、相手によい第一印象をもってもらえるようにしましょう。

そうすれば、「自己開示」も「オープニングトーク」もスムーズに進めることができます。

明日のためにその①
ジャブで突破口を開く。気持ちのよい挨拶で、よい第一印象となるように心がける。

2 お客様の心を開くには自ら進んで自己開示する

▼ジャブ3発で突破口を開く

営業における「ジャブ3発」、つまり「挨拶」「自己開示」「オープニングトーク」によって、第一印象をよくするだけでなく、お客様の緊張を解くことができるので、話をしてもらいやすくなります。

新規開拓営業においては、「話も聞いてもらえないまま終わってしまう」ことが最

も避けたいことです。なぜならば、次の商談のチャンスがほぼなくなるからです。

挨拶一つでも、大切な情報が得られます。「こんにちは」と声をかけたとき、「こんにちは」と返してくれる人、お辞儀だけしてぶっきらぼうな人、まったく無反応な人もいれば、「よろしくお願いします」とか、丁寧にお辞儀をしてくれる人など色々な方がいます。

この**色々な「反応」こそが最も大切であり、「お客様についての貴重な情報」**です。

挨拶もそこそこに、いきなり商談をお客様から始めてくれる場合もありますが、たいていの場合は挨拶や世間話から始まることが多いものです。逆に、挨拶とありきたりの話だけで終わってしまい、具体的な商談に入っていけないケースもあります。

これは、ボクシングでいえば、ジャブを出しても、相手の体幹やバランスを崩したり、目を閉じさせたりといった脅威を与えていない状態です。

このようなときは、『あしたのジョー』の丹下段平のアドバイスのように、「正確なジャブ3発」が当たれば、突破口が開けます。

まず、**1発目のジャブ「挨拶」**で得られた情報を生かして、お客様の緊張を解いていきます。

無口な人なら、写真やデータなどの視覚的な資料を見せて重い口を開かせる、たくさん話してくれる人なら、聞き役に徹して相づちを打ちます。挨拶からお客様に合った接し方を探っていくことができます。

さらに、**2発目のジャブ「自己開示」**をします。

お客様の警戒心が低ければ、お客様から個人的な情報を話してくれる場合もありますが、こちらから情報を与えることで初めて話をしてくれると考えたほうが無難です。

心理学では「返報性のルール」という、**「自己開示を行うと自己開示をされた相手も同じように自己開示をしたくなる」法則**があります。心理学における実験でも、**「個人情報を開示すれば、相手はあなたに好感をもつようになる」**ということも分かっています。

私は、ジャブ3発の大切さを「フロントヘビー」という言葉で考えています。フロントヘビーとは、1回の商談の中ではなく、**契約までを1つのプロセスとして考えた場合、プロセスの前半に力を注いでよい流れをつくれば、後半も比較的よい流れのま**

ま進んでいく、という商談の力加減のことです。

車の発進においてもローギアが一番力を使い、ギアをシフトしていくたびに力は抜けて、スピードが上がっていくように、「はじめの一歩」に力を使うことが大切なのです。

人と出会ったときの最初の言葉や表情は、後々もずっと印象に残り、変えることが難しいといわれます。ですから、まずは見た目や声のトーンなどの第一印象をよくすること、次にお客様の緊張を解くこと、すなわち「**出会いの瞬間**」**に力を入れることが重要**です。

そうすることでようやく、お客様から言葉を発してくれるようになります。お客様から話をしてくれるようになれば、会話も弾み、相手の趣味、嗜好など、これからの**商談に重要となってくる「情報」を手に入れることができます**。

■自己開示のポイント

出身地や家族構成、趣味、嗜好など、お客様に自分の人となりを知ってもらうための「**自己紹介シート**」をつくりましょう（図1－2、1－3）。

図1－2　自己紹介シートの書き方

①写真

動物、赤ちゃん、マスコットで親しみを。
手のひらを見せると敵対心を和らげる。

②名前、家族構成、出身地等

お客様との共通点を見出す
エピソードを織り交ぜる。

③趣味・特技

・お客様に自分の人柄を知ってもらえるようなエピソードを織り交ぜる。

④人柄を表すエピソード

③の中から親近感をもってもらえるようなエピソードをフキダシにする。

④人柄を表すエピソード

③の中から親近感をもってもらえるようなエピソードをフキダシにする。

⑤自己PR

安心して仕事を任せられる人だと思われるような、実績や能力を記載する。

図1－3　自己紹介シートの一例

西《にし》野《の》龍三《りゅうぞう》（47）

妻と長女（○○歳）の3人家族。

両親は茨城県常陸太田市出身、水戸黄門のゆかりの地です。

・埼玉県春日部市出身（クレヨンしんちゃんで春日部が知られました）
・埼玉県越谷市在住（イオンレイクタウンとアウトレットモールが有名です。とにかくデカイ！）

《趣味・特技》

・**ボクシング**　元世界チャンピオンの内藤大助さんとプロデビュー戦で対戦しました。トレーナー（ボランティア）として、選手の育成、フィットネスの指導もしています。
・**動物園に行くこと**

家族皆が動物が大好き。埼玉こども動物自然公園（埼玉県東松山市）によく出かけます。

子どもの頃は、体が弱く、学校も休みがちでしたが、野球や剣道、水泳など、スポーツに積極的に取り組んでからは皆勤賞！ 苦手だった体育も好きになりました。

こんな私ですが、今までに住宅100棟以上のお客様のご契約、着工、引き渡しまでお手伝いし、「お客様に喜んでいただくこと」が仕事に対する一番の励みになっております。

また、宅地建物取引士やスムストック住宅販売士、３級ＦＰの資格なども、お客様に喜んでいただき、お役に立てる機会がしばしばございました。お役に立てましたら幸いです。まずはお気軽にお声がけください。

携帯：○○○－○○○○－○○○○

ありきたりのものでは印象に残りませんので、次のポイントを参考にしてお客様の印象に残るように自己開示をしていきます。

①プロフィール写真は笑顔で

プロフィール写真は、できればプロのカメラマンに撮ってもらいます。手のひらを見せているほうが、敵対心が低くなるといわれています。**脳科学では可愛い動物や赤ちゃんの写真が入ると脳が喜ぶとされている**ため、マスコットなどを手にした写真でもよいでしょう。

②お客様との共通点を書く

たとえば、出身地、現住所（番地までは必要ありません）、家族構成、親の出身地などを書きます。これらの中から**お客様と共通点があれば、早く打ち解けることができます。**

③仕事以外の違う一面を見せる

ボランティア、趣味・特技などの中から**「真面目な人だな」「責任感のある人だ」と思ってもらえるようなエピソード**を書きます。お客様に「自分たちにも情熱を注いでもらえそうだ」と思ってもらえるように工夫します。

④自分の人柄を知ってもらえるようなエピソードを書く

たとえば、「子どもの頃はケンカばかりしていましたが、すぐに仲直りができて、友だちは多かったです」というようなことです。**優等生エピソードよりは、相手に親近感をもってもらえるようなエピソードを書きます**。今の自分を想起させるエピソードや、逆に今の自分とギャップのあるエピソードなどを伝えることで人間味を感じてもらうようにしましょう。

⑤実績や能力をアピールする

たとえば、住宅業界なら「受注、引渡棟数が120棟あります」とか、保険業界なら、「200のライフプランのお手伝いをさせていただきました」というような、具体的な数字を盛り込んだ実績を書きます。

そこまでの実績がなければ、「最近ご成約したお客様から、こんな喜びの声をいただきました！」というようなエピソードでもよいでしょう。とにかく、「**お客様にとってメリットを提供してくれる、能力のある人」だと思ってもらえる情報**を盛り込みます。

「プロフィールシート」は、次のタイミングで渡すとよいでしょう。

①名刺を渡すタイミング
②名刺交換を終えて着席し、雑談をしているとき

自己開示により、相手に好意をもってもらえて話をしやすい状況をつくることが目的ですので、①と②のどちらでもかまいません。まずは気軽に渡しましょう。

最初はどんなお客様でも緊張していますし、さほどこちらに興味もありません。そんな状態では、いくら長々説明しても聞いてもらえませんので、**プロフィールシートをうまく活用して場を和ませていきます。**

こうしたポイントを踏まえ、まずお客様の緊張を解き、会話が弾んだところで商談に入っていくことができれば、第一段階のハードルはクリアしたことになります。

明日のためにその②

①自己開示が緊張緩和の秘訣。プロフィールづくりを大切にすること。自己開示をすれば、相手も自己開示をしたくなる。自己開示によって、好意をもってもらえる。

②自己開示によって、お客様との共通点を探す。共通点が多いほど好意をもってもらえる。

③ただし、能力や実績も同時にアピールしないと、会話はしてくれても、相談まではしてもらえないので、さりげなく能力や実績もアピールする。

3 誰とでも会話を成立させるオープニングトークの定番化

▼ミット打ちで自然にパンチが繰り出せるようになる

「オープニングトーク」とは、「挨拶」「自己開示」の次に話すことです。

オープニングトークで話す定番の内容をあらかじめ決めて用意しておくと、お互いに緊張している状態でも会話が成り立ちます。そのための**シナリオ**を事前につくっておきます。

どんなお客様であっても、挨拶からオープニングトークまで同じように話すことによって、あわてることなく、落ち着いて対応ができます。営業に欠かせない「**接客マニュアル**」はその一例です。

オープニングトークでは、商品・サービスの「**概要**」や「**コンセプト**」など、最初に伝えたいことをあらかじめ用意しておきます。

商品を購入したい、または購入を検討しているお客様にとって、自己紹介の次に知りたいことは、**会社概要、会社の場所について**の案内、**商品概要、商品のコンセプト**などです。その内容をオープニングトークとしてあらかじめ用意しておけば、自然と会話に入っていきやすくなります。

たとえば、「このモデルハウスはこんなことをコンセプトに設計しました」とか、他の業界なら、「最近はこんな商品がよく売れています。なぜならば、皆さん○○のようなところに関心があるからです」といったトークです。

この時点では、**商品の売り込みは一切せず**、すでに**購入されたお客様の感想や、購入しようと考えている商品の特徴**が簡単に分かるものなど、「**商品を購入する上で役に立つ情報**」を、あらかじめ用意しておきます。

まだ購入するかどうか分からないのなら、自社の売り込みはしないで、「一般的かつ客観的な」内容を話すことがベストです。**たいていのお客様は、「一般的かつ客観的な」情報を参考にして比較したい**のです。「主観的」な話を聞き入れてもらえるのは、お客様が営業パーソンの人柄、能力を知り、相談相手として認めたときです。

個人的な悩みは、誰にでも相談できるものではなく、親しい人、頼りになる人、よく話を聞いてくれる人、さらに、悩みを解決してくれそうな人にしか相談しません。

同様に、**購入に際しての具体的な相談も、相談相手として認めた相手にしかしないのです。**


オープニングトークには、３つのポイントがあります。

①分かりやすく、簡潔に
②主観的でなく、一般的かつ客観的に
③どんなお客様であっても関心のある内容で

主観的な話題だと、気持ちを許していない相手からは聞こうとしませんが、一般的かつ客観的な話題なら、会話ができるようになり、話も広げていくことができます。

また、予想外のことが起きても、その「決まったトーク」を話している間に、頭の中を整理して、冷静になることができます。

したがって、**トークの内容は相手によって変える必要がなく、どんな相手であっても同じ話ができるようにすることがコツ**です。

たとえば、住宅のモデルハウスについて説明する場合、「当社のモデルハウスは、機械には頼らず、なるべく自然の日の光や風の流れを取り入れて快適に、ということをコンセプトに設計しています」などと紹介します。

どんなお客様に対しても、違和感や抵抗感を与えないよう、**主観を入れないで特長を淡々と伝えます**。とはいえ、そのさじ加減をつかむのは、簡単ではありません。場数を踏みながら身につけていってください。

このように、どんなお客様に対しても同じように話ができるようになるために、「決まったトークを繰り返し練習して身につける」ことは、ボクシングの「ミット打ち練習」に相当します。これは、体に攻撃や防御のパターンを覚え込ませるのに最適なトレーニングです。

様々なパターンのコンビネーション（ワン・ツー、フック〈外側から曲線を描いて内側に向かうパンチ〉、ストレートなどの連続パンチのこと）を何十回、何百回と繰り返し行うことで、どんな状態でも自然にパンチが繰り出せるようになります（図1-4）。

図1－4　コンビネーションパンチ

ボクシングの基本は、「ワン・ツー」のコンビネーション

営業では、**「決まったトーク」の練習を重ねると、自然に言葉が出るようになります**。確実に効果が出るものであれば、ほとんどの方が努力を惜しまないでしょう。

本書を読んでいる皆さんも、きっと勤勉な方々だと思いますので、ぜひとも話しやすく、お客様にも分かりやすい「オープニングトーク」を考え、話し方を練習してみてください。

明日のためにその③

①話す内容をあらかじめ決めておくことで、会話がスムーズに進む。
②オープニングトークで話すことは、一般的かつ客観的な内容にする。
③どんなお客様に対しても同じトークができるように、内容を考える。

4 新規顧客の開拓では「断り」から貴重な情報を得る

▼「捨てパンチ」の効果を知る

新規顧客の開拓で肝となるのは、**「断られても無駄にならないということを心に留めておく」こと**です。なぜならば、お客様の反応から情報が得られ、さらにその「断りの理由」から、突破口を見つけることができるからです。

たとえば、新規の飛び込み営業をしたとしましょう。たいていは相手にもしてくれないことがほとんどです。話に入ることもできずに、「結構です」と断られる、あるいはドアを開けてもくれない、というのが普通です。

そういう場面では、挨拶だけはきちんと返してくれる人、挨拶すら返してくれない人、丁寧に話につき合ってくれる人など、色々な方がいます。**この反応の違いこそが何ものにも代えがたい貴重な情報**なのです。

たいていのお客様が相手にもしてくれず、「結構です」と事務的に断る中で、強い断りであったり、怒ったりする方もいます。

それは、過去に騙されたとか、よい対応をしてもらえなかった経験があるからかもしれません。あるいは、**怒っているのは期待の裏返し**で、本当は「よい対応してもらいたい」という強い願望がある、という可能性もあります。

また、人情味のある人ほど、「期待をもたせたらかわいそうだ」とか、「他のお客様に時間を使ってほしい」と考えて、強めに断ってくれたり、「押しに弱い」「情に流されやすい」と自分で認識している人ほど、断る際の態度が厳しかったりする傾向があります。

こういった方は「難しいお客様」ではありますが、こちらの対応次第では、反応が良い方向に変わる可能性もあります。たとえば、挨拶すらしてくれない人なら「簡潔にまとめた資料なら目を通してくれそうだ」と考え、**1枚にまとめた分かりやすい資料を渡す**ようにする。あるいは、**チェックをつけて返すだけの返信ハガキにする**、などです。

中には追い返す目的で、無理難題を押しつけてくる人もいますが、このような反応は逆にチャンスです。

無理難題であっても、お客様とテーマが共有できます。共有できるテーマがあれば、アポイントを取る理由になりやすいですし、まだ心を開いていないので、意地悪をしているのかもしれません。ですから、じっくり時間をかけて打ち解ければ、心を開いてくれる可能性は十分にあります。

このように、お客様の反応や断りの理由が分かれば、他のお客様と接する際に生かすことができたり、次のステップに進むための貴重な情報になったりします。

「断りから貴重な情報を得ること」は、ボクシングでいえば「捨てパンチ」の効果に相当します。

「捨てパンチ」とは、「当たらなくても、生きてくる」パンチのことで、実際にパンチが相手に当たらなくても、こちらがパンチを打てば、相手はパンチをかわすために、少しバランスを崩すので、そこに力のあるパンチを打ち込むことができるのです。

『あしたのジョー』の丹下段平が言うように、『ジャブ三発につづく右パンチはその威力を三倍に増すものなり』です。ジャブ3発は、右ストレートを効果的にするための、まさに「捨てパンチ」ともいえます。

飛び込み営業でむげに断られると心が折れるのは、結果をすぐに求めるからです。

ボクシングでいえば、1発のパンチで相手にダメージを与えようとするのと同じで、それはとても難しいことです。

ボクシングでも1発パンチが当たらないからといって、落ち込んでいる暇はありません。捨てパンチを生かして、3発はずしても4発目に、5発はずしても6発目に当てればよいのです。

そうして**捨てパンチが生きてくる感覚が分かれば、断りもまるで挨拶のように思えてきます**。なぜならば、ほとんどの方の反応が断りであり、その反応が貴重な情報を与えてくれるからです。

ですから、**断られても「貴重な情報探し」と発想を転換すれば、飛び込み営業も楽しくなるでしょう。**こうしたお客様が見込み客となり、財産となります。

> **明日のためにその④**
>
> 新規顧客の開拓では「断りも挨拶」と考え、「捨てパンチ」の効果に学ぶ。すぐに結果を求めず、お客様の反応を「貴重な情報探し」＝「宝探し」ととらえる。

5 心理効果を学んで見込み客を増やす

▼セコンド経験で得た「ガラテア効果」と「ゴーレム効果」

心理学では**期待されると伸びていくことを「ガラテア効果」**と呼びます。「ガラテア効果」は「ピグマリオン効果」ともいわれますが、これらの言葉はギリシア神話に由来します。

ピグマリオンとはギリシア神話に出てくる王様で、彼は理想の女性像に「ガラテア」と名づけてその彫刻をつくります。「ガラテア」に恋をして想い続けると、その彫刻は現実の人間となり、２人は結婚します。

この神話にちなみ、想い続ければ現実のものとなることを、「ガラテア効果」または「ピグマリオン効果」と呼んだのです。

一方、**期待されないとダメになっていくことを「ゴーレム効果」**といいます。ゴーレムとは、ユダヤの伝説にある、意思のない泥人形で、呪文を唱えると動き出し、額の護符の文字を一つ取ると、土に戻ると言い伝えられています。そこから転じて「ゴーレム効果」と呼ばれています。


こうした心理効果は、営業にも当てはまります。

たとえば、お客様と接するとき、「きっとこの方は素晴らしい人だから、私の話を理解してくれて、商品も購入してくださり、ご満足していただけるはず」と信じれば、**最初、お客様にその気がなかったとしても、次第に商品を購入したいという気持ちに**

なっていくことが多いのです。

これはまさに「**ガラテア効果**」であり、**前向きな気持ちで接すれば、望ましい結果が得られる**のです。

こちらが前向きにとらえることで、**見込み客の増加**（**新規開拓**）と、お客様自身が購入に前向きになっていく「**ランクアップ**」の両方の効果が得られます。

反対に、見方をネガティブな方向に変えると、お客様が商品を購入しようと前向きに行動しているヒントを見逃し（**見込み客の見落とし**）、お客様にマイナスの感情を向ければ、お客様自身の購買意欲も下がります。これを「**ランクダウン**」といいます。

まとめると、次のようになります。

①「**ガラテア効果**」**で、**「**新規開拓**」**と**「**ランクアップ**」**の**「**プラスの相乗効果**」

②「**ゴーレム効果**」**で、**「**見込み客の見落とし**」**と**「**ランクダウン**」**の**「**マイナスの相乗効果**」

私は、ボクシングのトレーナーやセコンドとしてボクサーと接するときには、選手をけなすことは絶対にしません。

ボクサーは、命懸けの試合の中で、勝つためにささいな情報も得ようとします。そのように研ぎ澄まされた感覚の中で、マイナスの言葉を投げかけられれば、マイナスの反応をしてしまうのです。

ですから、対戦相手にパンチが当たれば「効いてる！　もう少しで倒せるぞ！」とか「ナイスボディ！」とか、何とか選手を勢いに乗せようと、必死で声をかけます。すると選手も、こちらの期待や必死な応援に一生懸命応えてくれます。

お客様に接するときも、見方を変えるだけで、大きく違ってくるのです。

「ガラテア効果」を踏まえると、仮にお客様に対してよい対応と接し方をしても、よい方向に向かわないのであれば、**本当に縁がなかったのだと割り切ることもできる**でしょう。商談を進めることができるお客様かどうかの判断もつきます。こちらが真剣な対応をすれば、お客様も真剣に商談を進められるかどうかの返事をしてくれます。

もし、商談を進められない何らかの理由があるとすれば、その理由をしっかり聞き出して問題解決ができたら、そこから、一生のおつき合いができるお客様になるかもしれません。

お客様に商品を購入していただくことができない理由が分かる、お断りのお返事をいただけるということも、注文をいただくことと同じように、とてもありがたいことなのです。

なぜならば、無駄な動きが少なくなり、やるべきことが絞られるからです。

「ガラテア効果」を理解して、お客様に対してポジティブな気持ちをもって対応しましょう。

明日のためにその⑤

「ガラテア効果」によって、

①「新規顧客の開拓」と「ランクアップ」の「プラスの相乗効果」がある。

②お客様もよい対応をしてくれるようになる。

③商談を進められるお客様かどうかの見極めもできる。

6

最小限の力で最大限の効果をねらう効率的なアプローチ

▼インパクトの瞬間に力を入れる

新規顧客の開拓では、アプローチをするすべてのお客様とおつき合いできるようになるとは限りません。**すべてのお客様に全力投球していては、力が続かず、かえって活動量が減ってしまいます。**

お客様としておつき合いしていただけるかどうか、早めの段階で見込みをつける、あるいはなるべく多くのお客様と話ができるように、一定のルールを決めて効率的に動くことが重要です。

飛び込み営業では、話をすることもできないのが普通です。話をすることが難しいお客様に対して、**無理に話を進めようとするよりも、可能性のあるお客様を見つけることに力を注ぐべき**です。

飛び込み営業から、何が何でも成約までもっていこうとする心構えで、何十軒、何百軒と訪問を繰り返すのは、ボクシングでいえば、力を入れてパンチを打ち続けるようなものです。

真面目な人、一生懸命な人ほど、力を抜くことを知りません。**パンチを打つ際、はじめからずっと力を入れていると、パンチのスピードが落ち、強いパンチが打てなくなってしまいます**。

つまり、一生懸命やればやるほど、疲れるだけでなく、パンチも弱くなる。これでは「最小限の力で最大限の威力」とはまったく正反対に、力を使えば使うほど効果が出ない、くたびれ損になってしまいます。

パンチの打ち方のコツは、一言でいうと「力の使い方」にあります。つまり、普段はリラックスして、**インパクトの瞬間にだけ力を入れる**のです。

具体的にいえば、足の蹴りを膝のバネに伝え、膝のバネを腰に伝え、腰を入れて肘を肩と一緒に回しながら、足の蹴りから加速して伝えてきた力を拳に込め、インパクトの瞬間にだけ力を込めるのです。

こうすることで、最小限の力で最大限の威力を発揮します。営業でもこの「力の使い方」が分かっていないと、新規顧客を開拓する際には、心が折れて続かなくなることがあります。

ですから、まず**「話ができるようになった人」リスト**、あるいは**「資料を送ってもOKの人」リスト**ができれば、ひとまずは成功であると考えましょう。

「インパクトの瞬間にだけ力を入れる」方法は、トークの内容においても活用できます。言い換えれば、**話にメリハリをつける**ということです。

話し上手な人は、間の取り方が上手だといわれます。一番伝えたい話の前にあえて一定の間を入れると効果的です。そうすることで、一番伝えたいことがお客様の印象に残りますし、力の配分としても効率的です。

特に飛び込み営業などでは、なるべく多くのお客様とお会いして、短い時間の中で伝えたいことを伝えなければ印象に残りませんし、あらためて時間を取ることも難しくなります。

「一期一会《いちごいちえ》」という言葉を営業の際の心構えとして大事にしている、という話を結果を出している先輩や同僚からよく聞きます。**まさにパンチの打ち方のコツと同様、「インパクトの瞬間に力を入れる」「最小限の力で最大限の威力を発揮する」**のです。

明日のためにその⑥

①見込み客になるかどうかは、早い段階で判断する。
②話にメリハリをもたせ、一番伝えたい話に力を入れる。他の話と対比させて、一番伝えたい話が強く印象に残るようにする。

Interval

ボクシングの減量で体得した生き残るルール

「ボクシング」と聞いて多くの人が想像するのは、「過酷な減量」だと思います。過酷な減量は他の体重別競技にもありますが、ボクシングが強くイメージされるのは、『あしたのジョー』の力石徹《りきいしとおる》の影響が大きいのかもしれません。

減量は制限体重の範囲内でいかに脂肪を減らし、筋肉量を増やすかの勝負です。たとえば、体重60キロのうち、「脂肪10キロ、筋肉50キロ」だったのを減量によって「脂肪0キロ、筋肉55キロ」の状態まで仕上げていきます。体重が減っても、「一回り大きな体」になって相手と戦うことができるのです。

それだけでなく、さらにスピードが重要になります。余計な脂肪を落とし、軽量化したほうがスピードは増し、筋肉を落とさずに軽量化すれば、パンチの破壊力も増します。

もう一つ、減量については、極限まで達した者だけが知っている、次のステージがあります。

それは、「感覚が研ぎ澄まされ、身体能力がアップする」という事実です。最近ではファスティング（断食）という健康法も認められてきています。

私自身、ボクサー時代に減量で苦しんだ際、食べ物を探すためなのでしょうか、聴覚や嗅覚が鋭敏になり、さらに胃腸の調子がよくなるなど、予想に反する体験をしました。

「火事場の馬鹿力」というように、人は追い込まれれば、本来の力以上の力、潜在能力を引き出すことができるといわれます。

減量やファスティングもこれと同じ原理で、人間の生存本能を呼び覚まし、潜在能力を引き出すことができるのではないかと思います。その上、「ここまで苦しい減量をしたのだから、負けるわけにはいかない、負けるわけがない」と自信がもてるといわれます。

試合までに、相手よりたくさん練習して、苦しい減量を乗り越えて、肉体的にも精神的にも最高の状態で臨む。だからこそボクシングには他のスポーツにはない感動があり、ドラマがある——。私はそう思います。

「減量したらフラフラになって試合どころではないのではないか」と考える人も多いかもしれません。しかし減量は、肉体的にも精神的にも最高の状態をつくるのです。

大事な商談の前にはご飯少なめ、あるいはご飯を食べずに商談に集中するのも、ボクシングの経験を取り入れた私なりの営業術の一つです。ご飯を食べないとイライラしたり、集中できないという人は、腹八分目からはじめてみることをおすすめします。

Round 2

アポイントを確実に取るテクニック

7 潜在的ニーズを引き出すために心を込めて話を聞く

▼相手の力を利用する「カウンター」

営業ではともすると、トークに頼りがちになります。相手を説得しようとして、自分の話したいこと、売りたいものの話にもっていきたくなります。

もちろん、売るためのトークは必要ですが、アポイントの段階では**お客様の話を引き出すことに注力**します。

たとえば、ホームセンターに「**ドリルがほしい**」と買いに来たお客様から、話を詳しく聞いてみると、実は「**穴を開けてフックをつけたい**」**ということが真の目的（ゴール）**の場合があるのです。真の目的が分かれば、穴を開けなくても「着脱式のハンガーフック」や「パイプハンガー」を提案することができます。

また、もしかしたら、壁の裏側に柱があって穴を開けられないけれど、重いものを引っかけたいのならば、穴を開けずにかつ、ある程度の重量に耐えられる「**パイプハンガーを取りつけてあげる**」**という提案**をすることができます。お客様の話をここまで引き出し、**「真のゴール」にたどり着くことが大切**です（真のゴールはお客様の思っていた「ドリル」ではなかった、ということ）。

お客様から自発的に出た言葉は、そう簡単には覆すことが難しいといわれます。アポイントを取るために課題を明確にし、お客様に自発的に課題を話してもらえれば、後はアポイントの日時を設定するだけです。

一方、お客様のほしいものが明確な場合、あるいはすぐにほしい、急いでいる場合には、あえて「何か他にほしいものがないか」といった深掘りをすることは、失礼にあたることもありますので注意が必要です。

たとえば、レストランで注文を受ける際に、お客様の注文の意思が明確な場合、あるいはすぐにほしいと考えている場合には、あえて「他にご注文は？」と尋ね、他のメニューを提案する必要はないでしょう。

ただし、間違いを防止するため、注文を受けたときに復唱して確認することは失礼にはあたらず、丁寧な対応です。むしろ、**お客様のニーズを引き出すことにつながります**。復唱して確認することは、お客様が「他に注文はないか？」と**自分自身の潜在的ニーズに問いかけるきっかけとなる**からです。

お客様が悩み始めたときが、お客様のニーズを深掘りするチャンスです。
人から「他に注文はないか？」と質問されるとムッとするのに、確認されると丁寧な印象を受け、他に注文がないか、自分から潜在的なニーズを確認し始めるというのは、何とも不思議です。

お客様から注文や要望を受け、
①「**かしこまりました。他にご注文はございますでしょうか？**」
というのと、
②「**かしこまりました。お客様のご注文は○○と○○と○○でございますね。こちらでお間違いないでしょうか。他にご注文はございますでしょうか？**」
というのでは、印象がかなり違います。

②であれば、**お客様自ら潜在的なニーズを探してきてくれるため、追加注文を取れる確率も上がります。**また、このようにお客様の言ったことをそのまま繰り返すことを「**バックトラッキング法**（**オウム返し**）」といい、お客様が「自分の話をよく聞いて

くれている」と感じ、**信頼感が増す効果**があります（〔Round 4〕- 23 参照）。

お客様の要望が明確で、その確認をしても、迷いがないならそのまま注文を受ければよいだけです。

このようなやりとりをしている中で、お客様から潜在的なニーズが出てきて、詳しい話が必要になれば、お客様とアポイントを取りやすくなります。

ボクシングでは、相手の力を利用してパンチの威力を増大させる「カウンター」というテクニックがあります。相手が打ってきたパンチの勢いに対して、逆のベクトルの力でパンチを合わせるため、相手に与えるダメージが倍増するのです。

営業でいうと、「お客様のニーズを引き出してから、それに合わせた提案をする」ということに相当します。

なぜならば、ニーズを引き出して、それに合わせて話をするのは、カウンターパンチのように「相手の力（話の内容）を利用して効果を倍増させること」ができるからです。

つまり、こちらの売り込みではなく、まずはお客様の話をよく聞き、深掘りして、それについて話をするということです。これは当たり前であり、とても大事なことにもかかわらず、つい忘れてしまいます。

しかし、カウンターは、普通のパンチよりも打たれるリスクが高まります。なぜかというと、相手に先にパンチを打たせることになるので、後手にまわるからです。営業においては、購入したいと強く思っている人、要望が明確な人、すぐに購入したい人に深掘りしすぎるのは、普通のパンチを打つべき場面で、あえて相手にパンチを打たせ、カウンターをねらいにいくようなものです。これではリスクを高めるだけで、メリットにはなりません。

お客様が悩み始めたサインを見逃さず、適切なタイミングでお客様の潜在的なニーズを引き出す効果的なカウンターを打ちましょう。

お客様とアポイントを取るためには「**問題提起**」が必要です。

あなたにとって、御社にとって、解決すべき問題は何か。問題提起をするには、お客様についてよく知らなければなりません。何について悩んでいるのか。困っていることは何か。現在は何に一番関心があるのか。それらを知るためにはお客様の話をよく聞くこと、お客様のために心を込めて聞くことが大切です。

アポイントを取るきっかけをつくる、あるいは検討中のお客様から注文をいただくためには、**お客様の要望、注文の確認から、現状の悩みや困っていること**、さらには**お客様自身が気づいていないニーズを引き出し、それらについて話を深掘り**していきます。

そうすれば、アポイントも取りやすくなり、より的確で破壊力のある提案、すなわちカウンターパンチを炸裂させることができます。

明日のために その⑦

お客様の注文やニーズを確認し、より深掘りしてから、お客様に最適な提案をする。

8 ヒアリングでトークの説得力を高める

▼攻防一体の必殺技「デンプシーロール」

アポイントを取るための秘訣は、**ヒアリング**（話を聞くこと）**でトーク**（話をすること）**の効果を高める**ことです。

一方的に話をするだけでは、お客様の求めていることは分かりません。たまたま運がよく、お客様の知りたい話題、求めている内容を得られることがあるかもしれませんが、それは一か八かの賭けになってしまいます。ヒアリングがなければ、効果的なトークはできないわけです。

たとえば、おすすめの商品があったとしても、トーク①のように言うだけでは、説得力に欠けます。

トーク①

「絶対おすすめの商品です!」
「絶対いいですよ!」

お客様の好みや求めているものをヒアリングによって引き出した上で、トークにつなげることが必要です。

トーク②のようにヒアリングによって、お客様の好みの色や雰囲気など、ある程度の**情報を得ることができれば、トークは説得力が増します。**

トーク②

「お客様は**『黄色が好き』**ということでしたので、こちらの商品をご用意しました。また、**『春物がなくて困っている』**とおっしゃっていましたので、春の新作、今年だけでなく、**来年以降もずっとご愛用いただけるもの**となっております。いかがですか。**お客様のニーズにマッチした、お客様のための**大変おすすめの商品です!」

トーク①とトーク②を比べるとどうでしょうか。どちらも「おすすめの商品」だと言っていますが、説得力が違います。**これはヒアリング内容がトークの効果を高めている一例です。**

図2-1　デンプシーロール

攻めと守りが一体となったテクニック

　このようなトークの結果、さらにお客様から意見や要望をいただくこともあるでしょう。その要望や意見に対して、それに合わせた的確な提案を行うのです。

　漫画『はじめの一歩』では、ダッキングやウェービングで頭を振りながら、その勢いを利用してパンチを打つ「デンプシーロール」という必殺技が描かれています（図2-1）。

　ダッキングやウェービングとは、頭を下げたり、上半身を後ろに反らしたりしてパンチをかわすテクニックです。パンチをかわすという「防御」とパンチを打つ「攻撃」が一連の動きの中でつながっている、パンチをかわしながら体に勢いをつけてパンチを打ち込むデンプシーロールは、まさに攻防一体の必殺技です。

ボクシングでは、パンチをかわしてから打つ動作に入るのでは遅く、相手のパンチをかわしながら打つくらいのスピードが必要です。

デンプシーロールは、パンチをかわすことが次の攻撃の勢いを増すための前動作になります。攻防一体でバランスよく、かつ勢いをつけて攻撃がとぎれないようにすることがコツです。

営業の場合、**ヒアリング**（**防御**）**をしてからトーク**（**攻撃**）**を行い、さらにヒアリング**（**防御**）**を行ってトーク**（**攻撃**）**につなげる**。このようにして勢いが増していきます。これが攻防一体のデンプシーロール、ヒアリングとトークがセットになった必殺技です。

この必殺技を身につければ、同作の主人公・幕之内一歩のように、威力のあるパンチを打つことができます。ぜひ意識してみてください。

明日のためにその⑧

ヒアリング（防御）をした上で効果的なトーク（攻撃）を行う。ヒアリング内容がトークの効果を高める。

9 見返りを求めない情報提供でお客様の心を開く

▼後から確実に効く「ボディーブロー」

お客様からアポイントをいただくには、それまでにどれだけの情報をお客様に与えることができるかが鍵となります。

「もらう前に与える」という心構えで、**こちら側にメリットのあることは一切求めず、お客様にメリットのある情報提供、見返りを求めない情報提供をし続ける**ことが大切です。

お客様に興味をもってもらうまでは、主観的な情報より、一般的かつ客観的な情報提供をするべきことはすでに述べた通りです。これは、自社の売り込みはしない、いわば「無償の愛」（図2－2）です。

もちろん、「無償の愛」を提供し続けたからといって、注文をいただける確証はありませんが、こちらに相談をしてくれる確率が必ずアップします。

お客様がまだ買うかどうか分からない状態では、善意の第三者、利害の絡まない人に客観的に相談したいと思うのが普通です。

ですから、相談をもちかけられやすい、善意の第三者として認められるために、「無償の愛」を提供し続けるのです。いつでも優しく親切に接してくれる人に対して、よいイメージをもつことはあっても、悪いイメージをもつことはないでしょう。

無償の愛を提供し続ければ、お客様は必ず心を開いてくれ

図2－2　無償の愛

「無償の愛」で接すれば、いつか実を結ぶ

て、相談してくれるようになります。無償の愛に対して見返りがない場合ももちろんありますが、そもそも「無償の愛」ですから、見返りを求めてはいけません。

■「無償の愛」を与えることで得られる3つの効果

①悪いイメージをもたれることがなく、よいイメージをもってもらえる

②相談をもちかけられやすくなる

③商談を進めていいお客様かどうかの判断、お客様が商談できない理由（ネック）**の有無など、重要な情報が得られる**

見返りを求めない情報提供とは、ボクシングでいえば**ボディーブローのような、速効性はないけれど後から確実に効いてくるパンチ**に相当します。ガードの上から打つパンチのように、威力は小さくてもダメージが蓄積されていくのです。

ボクシングでは、何十発、何百発というパンチの中からクリーンヒットを当て、相手にダメージを与え、KOをねらって戦います。その中で、クリーンヒットではないけれど、後から効いてくる地味なパンチというものがあります。

営業においても、少しずつ効果が表れてくるような取り組みがあるのです。

私は、元トヨタホームの営業マン・菊原智明さんの著書『4年連続No.1が明かす訪問しないで「売れる営業」に変わる本』（大和出版、2006年）で紹介されていた「お役立ち情報」という営業レターを実践していました。

営業レターとは、お客様がこちらに興味をもっておらず、まだ検討中の段階では、自社の売り込みは一切せず、失敗例などのお客様の知りたい、本当に役に立つ情報だけをお送りする手紙です。

「営業レター」を通じてお客様から相談をもちかけられたり、お客様の心配ごとや困りごとなど、貴重な情報を得られたりすれば、後はその内容について実際にアポイントを取り、お客様と打ち合わせをしていくだけです。

そうはいっても、見返りがまったくなく、商談が進まない場合もあります。そういう場合は、**「ここまでやってダメなら仕方がない」**と諦めたり、**商談を進めることができるかどうかを見極める判断材料**になったり、**商談のネックがありそうだと予測**したりすることができます。商談を進めるべきお客様かどうかを見極めるタイミングは、**「3回目」**です。

商談前の見込み客に対して、見返りを求めない情報提供で資料を作成し、お送りしたり届けたりして、3回資料をお送りしても、ご自身のことや計画内容について話してくれないことがあります。ここで次のような予測をします。

「見返りを求めない情報提供を3回もしたのに、お客様が心を開いてくれないのは、困っていることがあるからだ」

このような予測のもと、お客様に困っていることを聞き、相談に応じられる範囲のことであれば「では、お会いして困りごとを解消するための打ち合わせをしましょう」と伝えれば、アポイントを取ることができるでしょう。

お客様が困りごとを話してくれない場合でも、「もしかしたら、○○○なことにお困りではないですか？」と**予測して質問**してみる。あるいは、「お子さんの入学時期に合わせて進めたいとおっしゃる方も多いのですが、お客様もそのようにお考えですか？」のように、**二者択一（はい・いいえの二択）で質問**すれば、答えを引き出しやすくなります（【Round 4】-23参照）。

しかし、それでも困りごとや計画を話してくれない場合は、いったん距離を置きましょう。少しでもお客様にその気があれば、何らかのリアクションがあるはずです。

たとえば、「あなたの会社を気に入っているが、色々あって今は進められない」「他の会社に決めようと思っている」「他の会社の○○○な点が気に入っているが、あなたの会社でもできないか」などです。

ですので、3回資料を送ったら（渡したら）、「今後もこのような資料送っていいですか？」と、聞いてみてください。「NO」の返事をもらった場合は見込み客リストからは外して、こちらから連絡しないようにします。

明日のためにその⑨

見返りを求めない情報提供で心を開いてもらえる。「無償の愛」によって相談してもらえるようになる。

10 営業の第一歩はお客様を好きになること

▼自分のファイトスタイルに引き込む

「営業のコツはお客様を好きになることだ」という話をよく聞くことがあります。

ここでご紹介したいのは、**「好意の返報性」という心理**です。

「好意の返報性」とは、相手に「好き」という気持ちを向けると、相手からも「好き」という気持ちが返ってくるという心理的傾向です。しかも、「好き」という気持ちが返ってきやすいのは、まだ相手との関係性が深くないときといわれています。

心理学における実験では、**個人情報を開示すれば、それだけ相手はあなたに好感をもつようになる**ということが分かっています。自己開示を行った場合は、自己開示をされた受け手側も同じように自己開示をしたくなるという傾向があるといわれています。

このように、「好意の返報性」を理解し、苦手意識をもたず、まずは出会いに感謝して、お客様を色眼鏡で見ないことを意識すれば、アポイントを取りやすくなります。

「好意の返報性」は、恋愛にも適用できるといわれています。好きな人に好きという気持ちが伝わると、相手も好意を返してくれることがあります。「あれ、彼女って俺に気があるのかも」といった勘違いから恋愛に発展することも、好意の返報性が関係しているといわれます。

ただし、つき合いが長くなると、いろいろな要素が絡んできて、好きという気持ちが伝わりにくくなるので注意が必要です。

つまり、初めて会うときや、**出会ってから初期の段階で、偏見などをもたず、「きっといい人だ、好きな人だ」と気持ちを向ければ、相手にも好きになってもらえる**ということです。

ボクシングでいえば、やりやすいファイトスタイルの相手（かみ合う相手）がいる一方、苦手なファイトスタイルの相手（かみ合わない相手）がいても、しっかり研究して相手に合わせて練習することで、苦手意識をなくしていけることと似ています。その一方で、相手のファイトスタイルに振り回されず、**自分のファイトスタイルを貫き通すことも大切**です。

ボクシングでは、こちらの働きかけに対して、相手も変化します。足を使ったテクニックのある選手に対して、足を使わない「ベタ足のインファイター」は、接近戦で打ち合いの試合展開にもっていくことができれば有利になります。

ボクシングのファイトスタイルが、インファイター（パンチの届く距離に接近する戦術）かアウトボクサー（パンチの届かない距離を保つ戦術）かでまったく違うように、営業のスタイルも人それぞれですが、**「好意の返報性」はどのようなスタイルにでも当てはまり、効果を感じられる**ものです。

これは、お客様にこちらのスタイルに無理やり合わせてもらうのではなく、こちらのスタイルに自然に合わせてくれるようになるという理想のスタイルです。

明日のためにその⑩

①好意の返報性を踏まえ、相手を好きになり、相手からも好きになってもらう。
②自己開示をすると、相手にも好意をもってもらいやすい。
③出会って早い段階ほど効果が表れやすい。

11 お客様との距離感は「親戚のおじさん、おばさん」がベスト

▼試合をコントロールする秘訣

お客様とは、絶妙な距離感を保つことが大切です。近すぎると窮屈に感じ、遠すぎるとサービスが淡泊に感じます。

お客様がすでに買う気満々なら、すぐに商品の売り込みをしなければ物足りなく感じ、購買意欲も下がってしまいます。逆に、まだ検討中のお客様に売り込みをしすぎれば、不快に感じることもあり、購買意欲が下がることがあります。

また、お客様が心を開き、こちらに好意をもってくれていれば、距離が近いと喜ばれますが、まだ心を開いていない状態だと、距離感が近いと不快になります。

こうした相手との距離感を知り、それに合わせて営業ができれば望ましいのですが、現実には思うようにいかないことも少なくありません。

お客様と接する際、「**身内になったつもりで**」といわれることがあります。

親子の関係では、距離が近すぎて余計なことを言ってしまいそうですが、親戚なら

適度な遠慮もあり、親身にもなれます。

いずれにせよ、人間関係が希薄になっている現代では、どちらかといえば、少し距離感があるほうが望ましいでしょう。

「第三者の目で見るとよいアイデアが浮かぶ」といわれることがありますが、利害関係があると、どうしても自分の都合のよいようにしか見ることができません。特に身内ということなら、なおさら視野が狭くなりがちです。

物事を俯瞰《ふかん》して見るという言葉があるように、**冷静に、的確に、第三者的な立場で、かつ親身になってというと、「親戚のおじさん、おばさん（目上の方には甥や姪）になったつもりで接客する」のが望ましい距離感**だといえます。

ここで、お客様と絶妙な距離感を保っている例をご紹介します。

東京都台東区谷中にある老舗旅館「澤の屋」は、お客様との「距離感」を大切にしていることで知られています。外国人観光客に大人気で、リピーター率がとても高いそうです。

最初は日本式で「**いろいろとやってあげる**」**スタイル**だったのが、外国人から見るとそれが窮屈《きゅうくつ》に感じられるということが分かり、**自由にくつろいでもらう方針に転換**したそうです。

たとえば、外国人客が文化の違いに戸惑うことのないよう、浴室には「正しいお風呂の入り方」の説明を英語、中国語、韓国語で貼り出しています。また、朝食は希望に応じて追加できる素泊まりのシステムとなっており、外国人には人気だということです。

出かけていた宿泊客が宿へ帰ってくると、布団が敷いてあり、その枕元には折り鶴がそっと置かれている。それは、日本の文化に触れてほしいという旅館のご主人の気持ちの表れです。宿泊客の中には、感動してもち帰る人もいれば、折り方を教えてほしいという人も多いそうです。

「澤の屋」の人気の理由は、こうした「**絶妙な距離感**」と「**温かい心づかい**」にあるのかもしれません。

ボクシングでは、ジャブで相手との距離を測り、パンチを当てる確率を上げますが、そのスタイルによって距離感は変わってきます。

インファイターなら相手との距離を縮めて常にパンチが当たるようにしますが、アウトボクサーならパンチが当たらない距離から、急に距離を詰めてパンチを打ちます。

インファイターは、常にパンチが当たる距離ですから、パンチをかいくぐって懐に入り、手数を出し続けるだけのスタミナと、押し負けない体づくりをはじめ、手数を出し続けられるような実戦練習をします。

アウトボクサーはスピード重視で、相手の懐に入った瞬間、打たれずに打つディフェンスのテクニックも練習します。さらに、手数はもちろんですが、足を使えるだけのスタミナとスピードをつける練習もします。

このように、ボクサーはスタイルや場面ごとに距離感を変えて戦うため、それに応じて練習も変わってきます。

営業においても、まず**自分のスタイルを確立した上で、お客様との心地よい距離感をつかめれば、ムラがなく接客ができる**ようになるでしょう。

明日のためにその⑪

①お客様と接する際の距離感は遠からず近からずがベスト。親戚にアドバイスするように親身な接客を心がける。
②自分のスタイルを確立する。

12 「魔法のトーク」でお客様の関心を引き寄せる

▼必殺パンチの打ち方を知る

営業活動を通じてお客様のニーズをある程度聞き出すことができ、お客様の困っていることは何か、お客様が今取り組むべき課題は何かを明確に整理すること（これを「問題提起」といいます）ができれば、次のステップに進みます。

それは、「**魔法のトーク**」です。

「魔法のトーク」とは、「**もし○○だとしたらどうですか**」とか「**たとえば○○**」と

図2－3　魔法のトーク

未来をイメージさせて商談を次のステップへ

いったトークです（図2－3）。これによって**「できるかどうか分からない未来や事実を確認する」**ことができます。

つまり、頭の中で未来に行ってその状態を確認してくることができる、まさにタイムマシンのようなトーク術です。

「もしその問題が解決できるとしたら」とか「たとえばその問題がこうなったら」というように話を展開できれば、お客様はさらに詳しい話を聞きたくなるはずです。

こうした「もし○○だとしたら」や「たとえば○○」といったトーク術には、**繰り返し使っても効果が薄れにくい**というメリットがあります。

ボクシング漫画には、たいてい「必殺パンチ」というものが描かれます。これをすれば必ず倒せるという技が必殺パンチです。

「そんなものがあるなら、はじめから出してよ」と言いたくもなりますが、必殺パンチは何回も打てるものではなく、そのシーンにおいて1回限りです。そのため、ここぞという場面でしか使えません。だからこそ話が盛り上がるわけです。

漫画やアニメでは、叫びながら必殺パンチを打つシーンもありますが、一瞬の勝負である実際のボクシングでは難しく、「得意なパンチ」「自信をもって打てるパンチ」ということになるでしょう。

お客様の心を動かす「魔法のトーク」は必殺パンチだといえます。

たとえば、住宅の営業において、お客様から話を聞く中で「収納がなくて困っている」という**問題提起**ができたとします。次に、「収納がなくて困っていらっしゃるのですね」とお客様に**確認**した後、「もし、収納がなくて困っているという問題を解決できるとしたら、話を聞いてみたいと思いませんか？」と**問いかけ**ます。

問いかけの前の「確認」が**「必殺パンチを当てる準備」**であり、**問いかけることが**

「魔法のトーク」という**「必殺パンチ」**なのです。ここまでくれば、アポイントを取れる可能性がぐっと高まります。

皆さんがお客様の立場なら、「もし○○だとしたら」「たとえば○○なら」といった「魔法のトーク」をされたとき、その先の話を聞いてみたくはなりませんか。

もし聞いてみたいと思われた方は、ぜひご自身でもお客様に対して「魔法のトーク」を実践してみてください。

明日のために その⑫

「魔法のトーク」はアポイントを取るための必殺パンチ。理想の未来を想像させるトークでお客様の関心を引き寄せる。

Interval

相手の本音を引き出す「いなし」のテクニック

相撲には「いなす」という技があります。

相撲は「バランスの芸術」といわれますが、「いなし」のテクニックはとても相撲らしく、営業にも応用できるテクニックです。

「いなす」は「往なす」または「去なす」と書きます。「往なす」の「往」は「行かせる」を意味し、「去なす」の「去」には「帰らせる」という意味があります。

相撲の「いなし」は、「かわす」だけでは「いなし」にはならず、**相手のバランスを崩し、こちら側が攻撃に移れる状態**をいいます。

「いなし」のテクニックはボクシングにもあります。相手が前に体重をかけ、体をこちら側に預けたところで引くと、バランスが崩れます。

ようするに、**相手の出てくる力を利用する**わけです。相撲ならそのまま投げを打ち、ボクシングならバランスが崩れたところにパンチを打ち込みます。

ここで大切なのは、「いなし」は単なる「かわす」テクニックではないということです。

相手がたくさん押してくればくるほどバランスは大きく崩れ、相手の押しが少なければ少ないほどバランスの崩れは少ないので、相手にたくさん押してもらうためには、こちらもたくさん押さなければなりません。

この感覚が分かると、相手を翻弄《ほんろう》できます。つまりは行かせたり、帰らせたりできるわけです。

相手は押されれば押されるほど、それに抵抗するように逆のベクトルの力をかけてきます。その瞬間を逃さず、こちらが引くと、こちら側に向けてかけていた力が予想以上に増し、バランスを崩したところへフックを横から打ち込むのです。

恋愛のテクニックの秘訣に、**「押して引く」**ということがあります。**その瞬間、寂しく感じたり、相手の大切さを感じたりする**わけです。こちら側の「押し」に対して強く押し返してこなければ、バランスは崩れません。すなわち寂しく感じたり、大切さを感じたりしません。

恋愛においても、相手の反応があって初めて「いなし」は成立します。ただ押せばいいというものではなく、相手の反応を見ながらでないと、単なるストーカーになってしまいます。

営業では、

①お客様のためにしっかりできるだけのことをする

その上で、

②一回引いてお客様の反応を見る

すると本音が出てくることがあるかもしれません。このようなステップを踏んでいくことが大切です。

「いなす」ことで、相手がこちら側に興味があるのかないのかが分かります。

また、一度引くことで、禁止されるとほしくなる「カリギュラ効果」（〔Round 4〕-23参照）の心理によって、ほしいと思ってもらえるきっかけになることもあります。

つまり、損失の機会に対する抵抗、なくなってしまうことに対して「ちょっと待てよ」と思う度合いを見て、お客様の購買意欲の状態を判断するのです。

相手を押すだけではなく引いてみる「いなし」のテクニックを使えば、恋愛も営業もきっとうまくいくはずです。また、頑張っているのにうまくいかないときにも、一歩引いて現状を冷静に分析してみるのは、打開策の一つとなるでしょう。

Round 3

商談力を上げる
シミュレーションとトレーニング

13 商談のストーリーを想定してお客様の情報を収集する

▼コンビネーションパンチを体得する

〔Round 1〕でご紹介した「オープニングトーク」は、どんなお客様にも話ができる同じ内容のトークなので、ボクシングでいえば「ワン・ツー」パンチに相当する基本的なコンビネーションです。

ここではもう一段階レベルの高い、対戦相手の特徴を分析した上での「コンビネーション」に相当する、商談にあたってのポイントをご紹介します。

営業のアポイントが取れたということは、ボクシングでいえば対戦相手が決まったことに相当し、対戦相手やその選手が属するジムについて情報収集し、分析・研究するのと同様、事前にお客様から得た情報を分析し、商談の準備をする必要があります。

ボクシングでは、「相手はこういうパンチが得意だから、そのパンチを打ってくる可能性がある。だからそのパンチをかわしたときには、こういうパンチを打てば効果的だろう」と予想します。

そのため、相手の得意なパンチをかわして打つ**コンビネーションを体に覚え込ませる**のです。

そうすると、相手がそのパンチを打ってきたら体がすぐに反応できます。一つのパンチを体得するにも何十回と練習しますが、その他のパンチについても、とにかく体が自然に動くように繰り返し練習します。

商談では、このような話になるだろうと予測し、この話がしたいと考え、それを実現するために必要な情報を用意しておくのです。

もちろん、予測したストーリー通りにいかない場合もあります。そういう場合には、**予測通りにいかない原因を分析し、対策を講じる**と、成功する確率が高まります。

■どんな業界の営業でも使える10項目のお客様情報

①お客様が所属している会社について

②お客様が所属している業界について

③お客様が担当している業務の内容について
④お客様の出身地、特産品、出身の著名人について
⑤お客様の休み、趣味嗜好について
⑥お客様の家族、子ども、ペットについて
⑦お客様が検討している商品に関連する話題、関連知識について
⑧お客様の家計の状況（住宅ローン、他の借入状況、家賃、年収など）
⑨お客様が比較検討している他社の情報（お客様の志向が分かる）
⑩想定される質問・ネック（断り）とそれについての対策

これら10項目を準備した上で、商談のゴールをイメージするのです。

その際、うまくいくイメージトレーニングはもちろんのこと、**うまくいかない場合の準備をしておくことも大切**です。

うまくいく場合は、こちらから意識的に働きかけなくても、話はそのまま進んでいきますが、**うまくいかない場合、その場で即座に冷静で的確な判断をして修正しなければなりません。**

そのために、先に掲げた10項目の情報から、商談の展開のストーリーを自分なりに想定しておきます。

ここまで準備しておけば、想定外の事態は起こりにくいと思いますが、色々なパターンを体に記憶させておくと、たとえば、現在はタレントで元世界チャンピオンの輪島功一さんのような、極端な変則パンチでも来ない限り、たいていは対応できます。

商談のストーリーを想定し、それを実現するための準備をする。繰り返し練習することで、意識しなくても話せるようになる。それはボクシングも営業も同じであるといえます。

明日のために その⑬

①商談のストーリーを想定して準備するものを決める。
②ミット打ちのように何回も繰り返し練習する。
③繰り返し練習し、意識しなくても話せるようにする。

14 知識を習得して商談に臨む

▼筋トレやロードワークで地力をつける

商談を成功に導くためには、予測と対策、準備が大切です。

しかし、**予測がまったく外れることもありますし、準備が台無しになることもあります**。予測が外れ、一から商談を立て直す必要がある場合、そのときに頼れるものは自分の力のみです。

そこで大切なのは、知識の習得です。

実際の商談で準備したことが生かされなかったとしても、準備した知識は、商談に臨む際の自信につながり、効果として表れます。**自信に満ちて堂々とした安心感のある態度は、話す内容よりも効果が大きい**といわれます（「メラビアンの法則」：〔Round 1〕−1参照）。**実際に習得した知識を話さなくても、態度や雰囲気が裏づけのある自信につながり、トーク以上の効果をもたらすのです。**

さらに、習得した知識が話すべき内容とは直接関連がなかったとしても、話の内容に重みが出てきます。

たとえば、保険の営業であれば、保険の知識は当然必要ですが、保険に関連した税金の話や時事問題などを会話の中に織り混ぜることで、お客様に安心感を与えることができます。

一見、商談に関係のないようなことでも、周辺知識、関連知識などを習得することで自信がもてるのです。そして、お客様から知識があると感じてもらうことによって、より具体的な相談をもちかけられるようになります。

ですから、商談の予測が外れても無駄にはなりませんので、しっかり予測を立てて、時事問題や税制の話題など日々の知識の習得を心がけ、商談に臨みます。


ボクシングに例えるなら、これはサンドバッグを打ったり、筋力トレーニングやロードワークを行ったりすることで身につける地力（フィジカルの力）です。

地力だけではまったく応用が利かないように考えられがちですが、お互いカードを出し尽くして試合が振り出しに戻り、駆け引きなしのドツキ合いになることもしばしばです。

むしろ、ボクシングの試合では、なかなか冷静になれず、練習したことが少しでも発揮されれば幸せなほうで、本来の力の半分も出せないで終わる人がほとんどであるという話を聞きます。

私自身も現役時代、そういう経験がありました。

試合の流れを予測してコンビネーションを練習するとか、相手の研究をしたりすることも確かに大事なことなのですが、結局のところ、最終的には**自分の気持ちや、ひたすら打ち続けられるスタミナが、勝負の分かれ目になってきます**。

それを営業でいえば、「知識量」や「活動量」ということになるでしょう。

明日のために その⑭

①商談の予測が外れても、準備したことは無駄にはならない。
②準備した知識は自信につながり、言葉にも力がこもる。
③知識の習得は、サンドバッグをひたすら打つ練習やロードワークによって身につく地力に相当する。

15 ロールプレイングで商談の経験値を高める

▼スパーリングで総合力を身につける

営業は経験を積めば積むほど上達します。

そのために効果的なのは、実戦練習、すなわちロールプレイングです。

営業のロールプレイングで経験を積むと、**ヒアリング力、トーク力、判断力、提案力がバランスよく身につきます**。

くわえて、自分自身で課題に気づくだけでなく、オブザーバーと呼ばれる第三者の指摘から課題が明確になることもあります。

ボクシングでも、パンチがしっかり打てるようになって、パンチを防御する技術が身についたら、実戦練習を行います。ボクシングにおける実戦練習は、スパーリングです。

スパーリングは、**対戦相手を想定しながら行うため、課題が明確になるだけでなく、**

課題を克服するためのトレーニングを重点的に行うこともできます。

さらに、反復練習では得られない別の筋力や、経験を積むことによる判断力、予測する力などが身につきます。実際に攻め込まれて、普段の能力以上の力が発揮されて、筋力アップにつながることもあります。

このように、**スパーリングをすれば総合力が身につく**のです。ただし、実戦練習は危険も伴いますので、けがには注意が必要です。

ボクシングでは、スパーリングの動画を撮影して、それを見直したりします。そうすることで、パンチの打ち方や、防御に隙がないかを検証することができます。基本ができていなければ、基本に戻って練習し、基本が身についたか確認するために、繰り返しスパーリングをします。

営業のロールプレイングにおいては、たとえ本人にスキルがあったとしても、人に見られていることを意識してしまうと、話がぎこちなくなったり、会話が成り立たなくなったりすることがあります。

このような実戦形式の練習では、思うようにいかずにモチベーションが下がり、自信をなくす人がいるかもしれません。練習ですから失敗しても落ち込む必要はありませんが、実際にはうまくいかなかったり、オブザーバーに課題を指摘されたりすると結構落ち込みます。

第三者に見てもらい指摘を受けることは、とても大事なことなのですが、どちらかというと、**お互いに褒め合うロールプレイングが望ましい**でしょう。そのほうがモチベーションも上がるので長続きします。自信を失う（ボクシングでいえば、けがをすること）心配もありません。

ロールプレイングは知識の習得にもなりますし、実戦練習は一人ではできない大切な練習です。そのため、先輩や同僚などに協力してもらい、繰り返し行って経験値を上げ、対応力を身につけていきましょう。

明日のためにその⑮

①実戦練習で課題を明確にして改善する。

②対応力や総合力が身につくだけではなく、「筋力や持久力」＝「基礎知識や経験値」もアップする。

16 お客様の「インサイト」に基づいた提案で成約に導く

▼「ダブルクロスカウンター」に学ぶ

〔Round 2〕で、お客様の話を深掘りしてよく聞き、それに合わせた提案をすると効果があるとご紹介しましたが、そのさらに上をいくテクニックがあります。

「インサイト」と呼ばれるお客様の潜在的な本音まで引き出し、そこに提案していくテクニックです。具体的にいえば「なぜほしいと考えたのか」、**お客様の購入動機の核心に迫る**のです。「なぜほしいと考えたのか」というところまで掘り下げると、お客様の希望とは違った提案も可能になってきます。つまり、お客様自身が気づいていない「インサイト」を提案することができます。

たとえば、洋服を購入する場合で考えてみます。図3－1をご覧ください。

同じ「デザインにこだわる」という内容であっても、①と②と③では提案する内容がまったく違ってきます。

ここまで深くお客様の「インサイト」に迫ることができれば、お客様がほしいと

図３－１　お客様のインサイトを引き出すプロセス

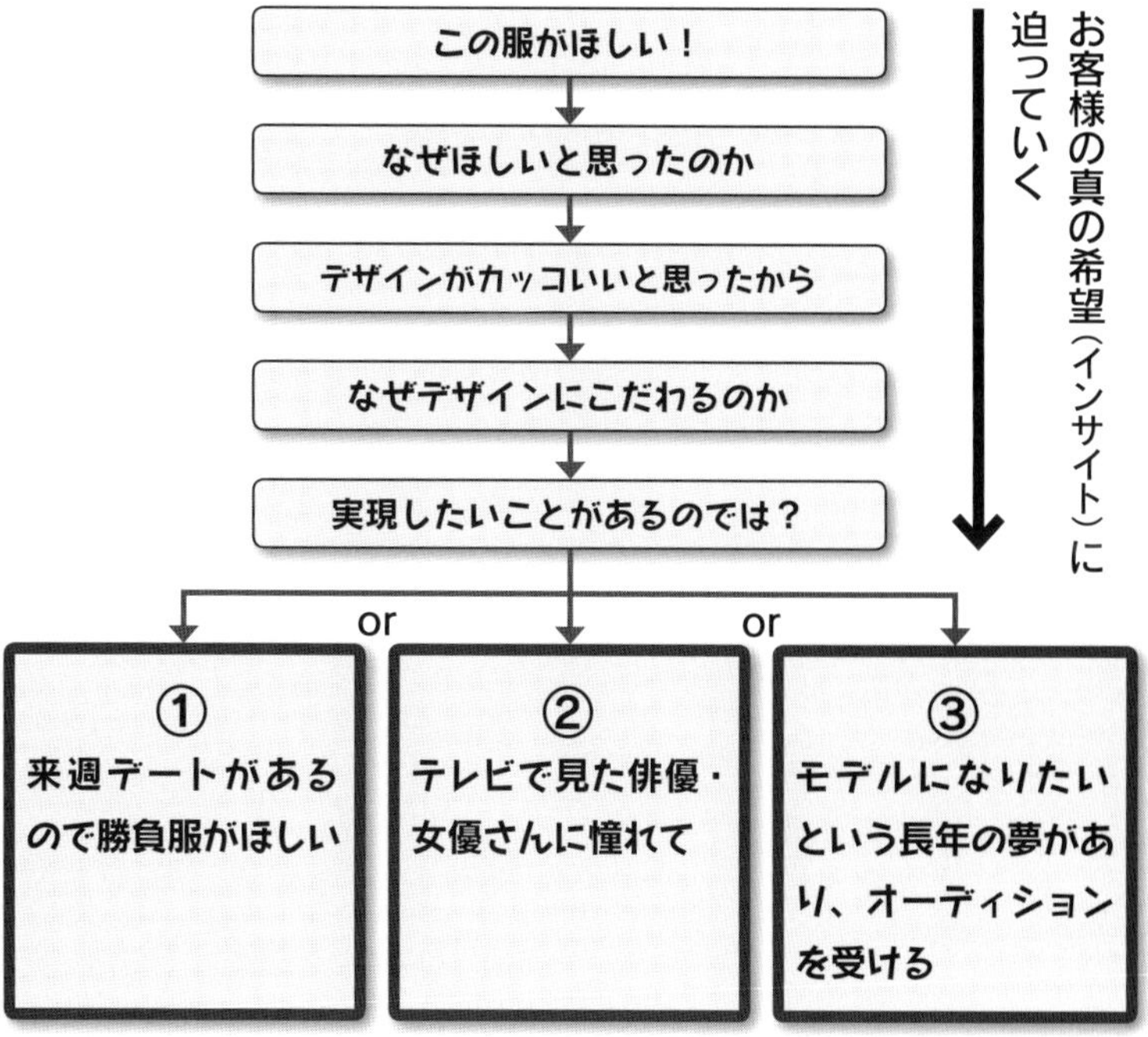
この服がほしい！
なぜほしいと思ったのか
デザインがカッコいいと思ったから
なぜデザインにこだわるのか
実現したいことがあるのでは？
お客様の真の希望（インサイト）に迫っていく
or
or
①来週デートがあるので勝負服がほしい
②テレビで見た俳優・女優さんに憧れて
③モデルになりたいという長年の夢があり、オーディションを受ける

思っているその商品が本当にベストのものなのか、それとも他にベストのものがあるのか、**その時点で競合との差別化ができて、クロージング**（契約締結）**ができるようになります**。

「競合との差別化」になる理由は、インサイトまでは簡単には競合他社には話せない、話したくないケースが多いためです。その結果、**自社だけが知っている、営業パーソンだけが知っている、他社とはまったく違った提案**ができるわけです。

クロージングに至る理由は、**購入動機の核心に迫る提案ができる**ことによって、**断る理由やネック**（購入の障害となるもの）**よりも強く行動意欲をかき立てることができる**からです。

ただし、この段階に至るには、お客様との密接な関係づくりが大切です。お客様はそう簡単には核心に迫る部分まで話をしてくれません。人間関係づくり以外にも、その商品を購入するにあたってプロとして頼られる存在になっている必要があります。

たとえば、恋愛の相談をするには、誰にでも話せるものではなく、親しくなって心を許せる存在になっていること、さらに、恋愛についてある程度の経験があり、いいアドバイスをくれそうだと思ってもらえることが必要です。

ボクシングに例えるなら、**言葉に出していないお客様の要望**を引き出して打つのが「**カウンター**」で、**お客様の「インサイト」まで引き出し、そこに提案していく**のが、さらに難易度の高い「**ダブルクロスカウンター**」に相当します。

「ダブルクロスカウンター」とは、『あしたのジョー』で描かれる必殺パンチで、「カウンター（漫画ではクロスカウンター）」を打ってきた相手にカウンターを合わせることです。実際のボクシングでは、相手はそう簡単にダブルクロスカウンターを打たせてくれませんし、カウンターを打たせてくれるようなパンチ自体、警戒してなかなか打ってきません。

相手にカウンターやダブルクロスカウンターを打たせる状態というのは、営業でいえば、**お客様に有益な情報を提供し、問題を数多く解決して、お客様からおまかせしたいと思ってもらう状態**、お客様の心を開いている状態といえます。

明日のために その⑯

お客様の要望を引き出したら、なぜそう思ったのか、お客様のインサイト、核心に迫る。それがカウンターを超える「ダブルクロスカウンター」になる。

17 一人ロールプレイングで商談の対応力を身につける

▼一流選手をイメージしたシャドーボクシング

営業のロールプレイングを一人ですることを、私は「**シャドーロープレ**」と呼んでいます。**お客様を影（シャドー）に見立てて、様々な場面における反応を想定して準備**をするからです。シャドーロープレは、商談を成功に導くイメージが具現化するとともに、商談上の困難にも対応できる力が身につきます。

練習の際は、**商談上のネックを想定**してそれを**解決し、ゴールに導くイメージをも**

ことができれば、**営業として一人で商談ができる**ようになります。これは**新人の育成にも活用が可能**です。普段は複数でロールプレイングをし、人がいないときには、シャドーロープレをするとよいでしょう。

たとえば、お客様とアポイント取った際に「**住宅ローンに興味があるので話を聞きたい**」という話が出たとします。実際にお会いした際に、どんな展開になるのかを**様々なパターン**で考えておきます。

①よい反応の場合——その1

●予測できるお客様の反応

今、金利が低いから進めたほうがよいだろうか。「**住宅ローンを借りる時期**」について興味がある。

●この場合の「シャドーロープレ」

お客様は**今が進め時**と考えているようだ。より**購買意欲を高める**ために、**実際の住まい**を見てもらおう。もしくは、完成した住宅をすでに購入している別のお客様に頼んで、見せてもらえるかを聞いておこう。

②よい反応の場合――その2

●予測できるお客様の反応

今の金利で月々の支払いがいくらになるのか、「借入額」と「支払額」に興味がある。

●この場合の「シャドーロープレ」

購入にかなり前向きになっているようだ。お客様自身がいくら借りることができて、**月々いくら支払うのか**といった、**具体的な生活設計**を描けるような提案をしたら、「自分たちにもできそうだ」と購入へ向けた商談への第一歩になるかもしれない。そのためには、お客様に月々無理なく支払える額はいくらか、最大いくらまでなら支払えるのかを聞いてみよう。

③悪い反応の場合――その1

●予測できるお客様の反応

お客様が忙しかったり、購買意欲がそこまで高まっていなかったりするため、**次のアポイントが取れない。**

●この場合の「シャドーロープレ」

次のアポイントが取れなければ、**その場で購買意欲を高める**工夫をしてみよう。たとえば、完成した住宅の**実例写真集や動画を用意**したり、お客様のプランと似た**間取りの資料**を用意したりするなどして、**具体的なイメージ**をもってもらえるようにしよう。

④悪い反応の場合――その2

●予測できるお客様の反応

住宅ローンの金利の資料をお見せしたが、「ありがとう」だけで**商談が終了**してしまう。

●この場合の「シャドーロープレ」

何か困りごとやこだわりがあって、**今進められない理由**があるのだろうか。**お客様が本音を話したくなる雰囲気をつくる**ために、もっと**自己開示**をしてみよう。自分の家を建てたときを例にして説明してみよう。

もしかしたら、ローンに対する不安があるのかもしれないので、**ファイナンシャル**

プランナーが同席可能であることも話してみよう。希望額の住宅ローンが借りられなくても、**希望予算に合わせて間取りを工夫することが可能**であることも、実例の資料をお見せしながら話してみよう。また、お子さんの入学など**ライフイベント**に合わせて進めたいと考えているのかもしれないな。**スケジュールを提案**してみよう。ここまでやれば、**困りごとを話してくれる**かもしれない。

ここまでお客様に「無償の愛」を提供し尽くしても商談が進まないのは、すでに**他社に決めている**かもしれない。自社で解決できることなのかどうか、本音をしっかり聞き取り、解決できないものは理由を伝えて商談を終了しよう。

「シャドーロープレ」は、ボクシングの「シャドーボクシング」に由来します。ボクシングでは、パンチをしっかり打てるようになったら、イメージトレーニングに発展させ、相手を想定してパンチを打ったりかわしたりする練習をしますが、これを「シャドーボクシング」といいます。

これは、ボクシングの基本トレーニングの一つで、パンチの打ち方やフォームのチェックができるので、こういうふうにすれば体重を乗せてもっと強いパンチを打てるというように、技術の改善につながります。

「シャドーボクシング」では、パンチを打つことも打たれることも想定して動くのですが、自分がチャンピオンになったつもりで練習すると効果的です。なぜなら、イメージは現実のものとなるからです。

実際、よく動けているイメージをすれば動けるようになりますし、うまくいかないと思うとなかなか思うように動けません。

「よいイメージをもつ」「一流選手のつもりで動く」ことは、モチベーションも高まり、とても大事なことですが、ここで重要なのは、**基本をおろそかにしない**ことです。基本ができていないのに一流選手のつもりで練習すると、間違った型が身についてしまうことがあります。それは絶対に避けなければなりません。一度、間違った型が身についてしまうと、直すのに時間がかかるからです。

そのため、基本はおろそかにしないで取り組むことが重要です。

シャドーボクシングで一流選手をイメージすることで、自信に満ちあふれた一流のオーラをまとうことができるようになり、**実戦で効果が発揮**されます。**一流の振る舞いをすれば、自然と一流の選手に近づいていく**のです。また、シャドーボクシングは、準備運動にもなり、実戦を想定したイメージトレーニングにもなり、筋力や持久力のトレーニングにもなります。

「シャドーロープレ」にも、商談の前の準備運動として取り組んでみてください。スムーズなトークができるようになるでしょう。

> **明日のためにその⑰**
>
> シャドーボクシングのように、相手を想定し商談のゴールをイメージした一人ロールプレイング（シャドーロープレ）で、商談上の困難にも対応できる力を身につける。

18 お客様の心を動かすストーリーを語る

▼自分の生き様をリングで表現する

営業では、この商品がなぜよいものなのか、その理由と性能を熱く語れる**ストー**

リーが大切です。そして、**あなたにとってなぜこの商品がよいか**という理由を、ストーリーにリンクさせることで、商品の魅力を高める相乗効果が生まれます。

たとえば、今皆さんが手に取っていらっしゃる本書について営業するなら、次のようになります。

「私は小さな頃から口ベタで、人と接するよりは本を読むことが好きな内気な子どもでした。**人の目ばかりを気にするコンプレックスの塊**でしたので、そんな自分を打ち砕き、生まれ変わるためにボクシングを始めたのです。

そんな私が営業という仕事に就き、口ベタで苦労しながらも、ボクシングで培った考え方や技術を取り入れて、**営業として10倍の結果が残せるようになった理由を分析**して本にしました」

商品としての本書の背景とストーリーは、次のとおりです。

「この本を手に取っているあなたは、**今、努力をしているのに結果が残せず、**

苦労しているのではないでしょうか。
また、マンネリに陥っていて、そこそこの結果が残せてはいるものの、続けていく気力が低下し、モチベーションが下がっている状態にあるかもしれません」

本書の購入を検討しているお客様側のストーリーは、次のとおりです。


「**パンチの打ち方にはコツがあります**。ただ練習をして努力を続けるだけで強いパンチが打てるわけではありません。

インパクトのほんのわずかな瞬間に力を入れるだけで、全力でパンチを打ったときよりも何倍もの威力があるとしたら、その打ち方を知りたいと思いませんか。

努力すればするほど結果が出なくなるときは、力を入れすぎてパンチを打っている可能性があります。

そんなあなたの努力や苦労が少しでも報われてほしいと願い、ボクシングの例えを取り入れて、**ボクシングのトレーニングのように身につく**営業ノウハウ本として出版しました。きっと参考になると思います」

このように、**生産者側と購入者側（消費者側）のストーリーをリンクさせることで、相乗効果が生まれ、商品がより魅力的になります。**

ボクシングの試合では、選手の生き様が試合の内容に如実《にょじつ》に反映されます。

不器用でも、真面目に努力してきた選手であれば、テクニックはなくても、ひたすらパンチを打ち続ける一生懸命な姿に観客は感動を覚えます。

才能にあふれ、相手にパンチを当てさせることなく完封する見事なテクニックをもっている選手は、その人生を懸けたボクシングスタイルに魅了され、心に響きます。

そういう選手は一見スマートに見えても、実は陰で泥臭い地味な努力を続けているので、そうしたストーリーの意外性や選手の生き様に感動したりもします。

特に、**今まで何をやってもダメだった人間が、一生懸命努力をして強くなった、という話は、日本人が好むストーリー**でしょう。

皆さんも、そのようなストーリーを漫画やドラマで目にする機会は多いのではないでしょうか。非常にベタな設定なのですが、分かっていても感動してしまうのは、「アンダードッグ（負け犬）効果」（〔Round 5〕‐32参照）という心理が関係しているのかもしれません。

そのようなひたむきに努力をする生き様は、多くを語らずとも試合の様子に表れ、メッセージとして見る者の心に伝わってきます。

私たちはそういう**メッセージ性のあるストーリーに感動する**のです。

映画や演劇、プロスポーツなどは所有できるモノではありませんが、仮にチケットが高額であったとしても、そこには**感動があり**、いつまでも**心に残り**、自分を**勇気づけてくれ、人生を豊かにしてくれる**から、私たちはお金を払うのです。

ですから、お客様に感動してもらえるストーリーを考え、実演しましょう。

明日のためにその⑱

商品のストーリーとお客様のストーリーをリンクさせて、商品の魅力を高める相乗効果を生み出す。

19 商談のための準備と努力は無駄にならない

▼試合前に積み上げた練習が勝敗を決める

「段取り8割」とよくいわれますが、努力したことは無駄になりません。

ゴールをイメージして商談の準備をすることは**疑似体験**となり、**経験値を高める**ことができます。筋力や持久力が増えていくように、**営業においても準備や練習によって商品知識だけでなく関連知識も増えていきます。**

そして、商談のストーリーを考えてお客様とのやりとりを想定することで、商談を組み立てる力や、**お客様をゴールまで導く力が身につく**のです。

くわえて、ここまで努力したんだと開き直れるまで準備した経験は自信となり、商談でのトークに説得力が増します。

たとえば、何の根拠もなく、

「大丈夫ですよ。そこまでの諸費用はかからないのでご安心ください」

というのと、

「お客様の心配されていた、**今購入した場合にかかる税金と諸費用**がこちらです（調べた内容を提示する）。１００万円くらいかかるのではと心配されていましたが、**実際に調べたところ、50万円くらい**で収まりそうです。ご安心ください」

というのでは、説得力がまったく違うでしょう。

言葉に説得力をもたせるためには、入念な準備が欠かせません。説得力のある言葉は、信頼感を高めます。本書でご紹介するトレーニング法を反復練習し、体に覚え込ませることではじめて、商談を成功に導くための準備ができたといえます。

ボクシングにおいても、試合までの練習が勝敗を決めるといっても過言ではありません。ボクシングでは、頭で考えて体を動かすのではなく、**自然に体が動くように、何度も繰り返し練習して体に覚え込ませます**。なぜなら、頭で考えてから動くのでは、一瞬の勝負であるボクシングの試合では通用しないからです。

また、トレーニングをすればするほど、積み上げ式で強くなっていきます。一段階

図3-2　ボクシングも営業も準備と努力がカギ

頭で考えるより先に、体が
動くようになるまで練習する

の努力なら一段階の効果が得られ、二段階まで努力を積み上げれば二段階まで進化した効果が得られます。

練習すればするだけ、手数を出し続けられるスタミナとフィジカルの強さ、パンチ力などが身についていくので、体も心もたくましくなっていくのです。

このように、**努力すればするほど報われます。逆に努力が足りない場合には、不安となって心の状態に表れます。**

仮に不安がなかったとしても、試合で自然と体が動けるようになるまで練習するには、かなりの努力が必要で、そこまでに至らない場合、試合では実力の半分も出すことができないといわれます。

営業においても、たとえ商談が、準備して**予測したストーリーとは違う展開になっても、シャドーロープレで得た対応力があれば、予想外の事態にも対応できます**し、**不利な状況になっても、培った知識の中からヒントを見いだすことも可能**です（図３－２）。

努力は必ず報われますので、商談までの準備に集中しましょう。

明日のためにその⑲

積み上げた努力が勝敗を決める。商談の準備のために努力したことは無駄にならない。経験値や知識量を身につけて商談に臨む。

Interval

営業に生かしたい様々な心理効果

■ポジティブな言葉をかけて能力を伸ばす

ギリシア神話に登場するピグマリオン王は、現実の女性には興味をもてず、理想の女性像を象牙に彫りつけ、できあがった像に「ガラテア」と名づけます。

その一糸纏《まと》わぬ「ガラテア」の姿に恥ずかしさを覚えたピグマリオン王は、洋服を彫り、さらには食事を用意したり、話しかけたりします。そして、「彼女が人間だったらなあ……」とガラテアに恋をして、彼女のことばかり考えるようになります。

すると、像の側から離れず、衰弱していくピグマリオン王を不憫《ふびん》に思った女神アフロディーテは、ガラテアに命を吹き込むのです。

そうして、ピグマリオン王は人間になったガラテアと結婚します。

期待されると能力を発揮することができるという「ガラテア効果」は、「ピグマリオン効果」ともいわれますが、これらの用語はこのエピソードに由来するといわれています。

この心理的効果は科学的にも証明されていて、次のような調査結果も示されています。

ニュージャージー州立大学のアリソン・スミス博士が行った、小学校六年生から高校三年生までの五〇〇名以上の生徒を対象にした調査でも、先生が、「この生徒は数学が伸びる」と思い込んでいると、その生徒の数学の成績が三三％から五四％も伸びてしまうことが明らかにされたという。

先生が、「お前、伸びるぞ」と声をかけてあげると、本人もその気になっていく。そして、「僕ならどんな問題でも解けるのだ」という思い込みを強化した人は、本当に勉強ができるようになっていくのである。（『心理学者が教える 思いどおりに人を動かすブラック文章術』内藤誼人、あさ出版、2010年 より）

ボクシングのセコンドも、選手にポジティブな言葉をかけ続けます。**ポジティブな言葉は、その言葉をかけた人の力を伸ばしていける**と私は信じています。

ですから私は、これからも選手に「絶対にチャンピオンになれる」と声をかけ、本人を信じます。

■行列に並ぶ人の心理に学ぶ

行列に並ぶ心理には、周りと同じ行動をしたくなる**「同調効果」**、みんながよいといっている評判の店に行きたくなる、勝ち馬に乗る**「バンドワゴン効果」**、禁止されるほどほしくなる、つまり個数や期間などを制限されるほど魅力を感じる**「カリギュラ効果」**があります。一方で、他の人がもっていないものに魅力を感じる、つまりみんながもっているものには魅力を感じない**「スノップ効果」**などもあります。

たくさん人が集まると、人が人を呼び、さらに人が集まる。レア物感を出せばそれに魅力を感じ、数量限定だと人より先んじてほしくなる。こうした心理からあなたも行列に並んで、商品をやっと購入できた、という経験があるかもしれません。

さらに、行列には「期待感を膨らませる」「手に入れたものがより価値があるように感じる」という効果もあります。一方、手に入れたものが期待値以下だった場合、マイナス評価を倍増させるというデメリットもあります。

また、行列に並んでいる時間をいかに楽しく過ごしてもらうかということも、商品を手に入れたときの満足度に影響してくるといわれています。そのため、行列に並んでいる人にお菓子を配る、アトラクションを見せる、行列の周りを飾る、行列にカーブをつけて並びを面白く演出するなど、飽きさせない並び方、待ち時間の演出、期待値を超える商品の提供などが求められます。

このように、**行列には「意味」があり、**「世界」があります。**行列を見たら、そこにどんな工夫や仕組みがあるかを考えてみると、きっと面白いと思います。**

Round 4

商談を成功させる
顧客心理コントロール術

20 結果よりプロセス重視でお客様のために行動する

▼努力を積み重ねて試合では開き直る

商談の準備が整い、実戦練習を積んだら、次はいよいよ本番です。

営業にもボクシングと同じように、**一瞬の勝負のとき**があるのです。

勝負のときとは、**「お客様の購買意欲が最も高まるとき」**であり、これを逃さないようにします。タイミングを逃すと、お客様の気持ちは冷めてしまうからです。

ですから、購買意欲が高まり、お客様が「ほしい」と感じたときに、絶好のタイミングで最適の提案ができるように、反復練習をしておきましょう。

すでに述べたとおり、ボクシングの試合では、もっている力の半分も発揮することができないとよくいわれます。

なぜなら、最速で最大の効果を発揮しなければならないボクシングの試合において、本当に体に身についたことしか、自然に発揮することはできないからです。

そのため、試合で実力以上の結果を求めようとすると失敗します。

仮に、試合で今現在もっている力を100％発揮できたとしても、それ以上の力がさらに発揮されることや、練習でもしたことのない新しい動作ができることは、ほぼないと考えてください。

というのも、膨大な量のテクニックや動作など、脳にインプットされている情報から、一瞬の判断で最適なものを導き出すことは、相当の反復練習を繰り返さないとできないからです。

言い換えれば、**試合では本当に身についたことしか発揮されない**ので、**実力を発揮するには相当な練習を積むしかありません**。

試合中はアドレナリンが出ていて興奮状態にあるため、パンチ力やスピードなどのフィジカル面は、一時的に高められる可能性はあります。しかしそれは相手も同じです。

では、試合までにインプットしてきたことを、すべて試合でアウトプットするにはどうすればよいのでしょうか。いかにして「あしたのジョー」の矢吹丈のように**「まっ白な灰に」なるまですべてを出し尽くし**、燃え尽きることができるかということとです。

実力を発揮できるか否かは、心の状態によっても左右されます。ここまでやったのだからと開き直れればいいのですが、努力に不安があると自信がもてず、力を十分に発揮することはなかなかできません。

「人事を尽くして天命を待つ」という言葉があるように、ボクシングでは、試合まではたゆまぬ努力を積み重ね、試合では開き直る心構えが望ましいのです。

■結果を意識しすぎると視野が狭まる

商談における心構えとして強調したいのは、**結果を意識しすぎない**ということです。

商談で成功を意識しすぎると、**想定していなかった反論やネックに対して冷静に対処できず、あわてる**ことにもなります。成功を意識しすぎることは、ゴールしか見えていない状態であり、視野が狭くなるため、足元がおろそかになり、つまずく可能性が高くなります。

つまずいたときのダメージは、それを想定していなければ大きくなります。つまずくかもしれないと思って転ぶのと、まったく何も考えていない状態で転ぶのとでは、ダメージは大きく異なるからです。

また、**結果を意識しすぎると、プロセスや重要なネック、ポイントを見逃す可能性が高まります**。そのため、ゴールだけを見るのではなく、階段を上るように、一段一段確実にネックや反論を解消しながら上っていくこと、準備しておいたように冷静に対処すること、たとえ想定していたことが外れたとしても、今まで準備してきたものの中から使えるもので適切に対処することが重要です。

■結果を意識しすぎないための2つのコツ

①結果よりプロセスに目を向けて冷静になる。結果を手に入れるためにどんなプロセスが必要かを考える

②相手のことを考える。すなわちお客様のために行動する

結果を意識しすぎるのは**自分本位**なのです。なぜなら、お客様にとって、あなたが販売する**商品を購入することが最善かどうかは、商談のプロセスを踏んでから初めて分かること**だからです。

言い換えれば、まずはお客様のために自分のもっている**役立つ情報をすべて出し切り**、それをお客様に理解してもらった上で、**最善の選択をしてもらう**という心構えが最も重要となります。

その上で、商品を購入することがお客様にとってベストの選択であるかどうかをもう一度、売る側と買う側でお互いに考えてみることが必要です。

準備をしっかりすれば、おのずとゴールまでの道のりが明確に見え、ゴールまでのストーリーが描けるようになります。

ボクシングの試合では、勝ちたいという気持ちが大きくなるあまり、攻撃に重点を置きすぎてガードがおろそかになり、カウンターを打たれたり、逆に打たれるのを回避しようと意識しすぎて手数が出なかったりすることがあります。

これは試合で勝ちたいという気持ちが悪い方向に表れたパターンです。

勝ちたいと強く思うことは決して悪いことではなく、とても大事なことです。ただし、**意識が結果のみに向いてしまうと、視野が狭くなってしまい**、このようなことになってしまいます。

ボクシングの試合でも営業でも、結果のみを意識して、自分がもっている実力以上の力を出そうと考えるのではなく、プロセスに目を向けて、すべてを出し切ることに集中することが重要です。

それはつまり、**今まで自分がやってきたことを信じる**ということです。

明日のためにその⑳

商談の心構えとは

①結果はすでに決まっていると考える。

②結果のみを意識するのではなく、プロセスを経てゴールを目指す。

③お客様のために自分のもっている役立つ情報をすべて出し切り、それを理解してもらった上で最善の選択をしてもらう。

21

5000円のものを50万円で売る

▼「トリプルクロスカウンター」で逆転KOをねらう

営業において自分の話したいことを話すだけなら**普通のパンチ**、お客様の要望を深掘りして聞いて打てば**カウンター**、お客様も気づいていない潜在的ニーズ、すなわちインサイトまで引き出して打つのが**ダブルクロスカウンター**です。

さらに、**インサイトにストーリーを乗せれば**、ダブルクロスカウンターを超えるカウンターとなり、**お客様の予算アップも見込めます**。

たとえば、予算5000円で靴を買いに行ったとしましょう。当然、あなたは値札を見て、5000円以内のものを手に取ります。ところが、もし値札がついていなかったとしたらどうでしょうか。

あなたは、本当にほしい靴を選ぶはずです。

実際にはその靴が明らかに予算オーバーのものだとしても、手に取ってもらい、実際に履いてもらうことができれば、5000円の予算を50万円にアップできる可能性も出てきます。

靴といっても、「履ければいい」という**単なる履き物の価値だけではありません**。履き物の価値だけ求めているのであれば、**どんなに優れた商品だったとしても、5 00円の倍になればいいほう**でしょう。

たとえば、ある人は**ファッションとしての価値**を求めて、アスリートならより**速く走るための効果を求めて**購入するかもしれません。あるいは、足が悪く、靴に**治療や予防の効果を求めて**いるかもしれません。

こうした点がお客様の購入動機、すなわち**インサイトの核心に迫るもの**であり、ボクシングのダブルクロスカウンターに相当します。

次に、ここに**ストーリーを乗せていきます**。

たとえば、お客様が靴にファッションとしての価値を求めていることが分かったら、さらに深掘りして、なぜファッションにこだわるのかを確認します。

もしかしたら、大好きな彼氏がいて、もっと好きになってもらいたくてファッションにこだわっているのかもしれません。あるいは、初めてのデートで、気合いが入りまくっているのかもしれません（図４－１）。

図４－１　商品に求める価値は様々

お客様の求める価値を知ることが大切

そして、もし靴を手に取り、実際に履いてみたら、すごく似合っていて、**彼氏に好きになってもらえるイメージが湧いた**。こんな場合はきっと、**「いくら払ってもいい」「分割払いでもほしい」と思う**のではないでしょうか。

このように「履く」以外の付加価値を感じてもらえれば、予算が5倍、10倍となる可能性もあります。

これがダブルクロスカウンターを超える**「トリプルクロスカウンター」**です。このカウンターなら、不利な状況からの逆転ＫＯの可能性も出てきます。

ですから、予算が合わないからといって諦めるのではなく、お客様のインサイトを引き出して、それをストーリーに乗せましょう。

明日のために その㉑

お客様から引き出したインサイトをストーリーに乗せることによって、購買意欲を高める。それが「トリプルクロスカウンター」。

22 五感に訴えてお客様の購買意欲を高める

▼無意識にパンチを繰り出す

五感と心理、購買意欲についての興味深い研究をいくつかご紹介します。

アメリカのマーケッターであるロジャー・ドゥーリーは、著書『脳科学マーケティング100の心理技術』（ダイレクト出版、2013年）で、マーケティングにおける「触覚」の重要性を説いています。

たとえば、**実際に商品に触れると、それまでは買う気がなかったものでもなぜかほ**

しくなることがあります。ドゥーリーによると、これは触覚がつくり出す心理状態で、人が直接手に触れたものに対して親しみを覚える習性に起因しており、**人はモノを触るとオーナー気分が高まり、そのアイテムにより高い価値を置く**ということ、そして、オーナー気分とともに肯定的な感情も高まることを指摘しています。

この本の中では「匂い」との関係性についても次のように紹介されています。

1935年にドナルド・レアードが行った研究よると、**男性の80％、女性の90％が、「匂い」が感情の引き金を引き、鮮烈な記憶がよみがえったという体験をしている**そうです。

また、マーティン・リンストロームは、「人間の感情の75％は、匂いによって引き起こされると推測し、企業のマーケティングのさまざまな局面で、できるだけ嗅覚を活用すべきだ」と力説しています。

『産業教育機器システム便覧』（教育機器編集委員会編、日科技連出版社、1972年）によると、五感から受けとる情報量は、視覚83％、聴覚11％、嗅覚3・5％、触覚1・5％とされ、**感情を呼び起こすのは嗅覚、ほしくなる・安心するのは触覚、情報伝達では視覚や聴覚が優れている**そうです。

「メラビアンの法則」（〔Round 1〕-1参照）によれば、初対面のときに影響力が強い情報は、視覚情報が55％、聴覚情報が38％、言語情報が7％であるとされますが、つまりは言語情報である話の内容よりも、商品から出る音、さらには見た目の印象のほうが記憶に残るということです。

視覚なら、デザインやロゴ、色や書体によってその商品が思い出され、聴覚なら、音楽や商品から出る音などによって、他の商品との差別化をします。

このように、頭で考えるのではなく、体が覚えるという感覚は、お客様が商品を購入する際にも大きく影響を受けるため、五感に訴えるマーケティングが必須とされています。

匂いを感じると思い出す、触るとほしくなる・安心する、一目で分かるようにまとめる、見た目の印象をよくする、オリジナルソングを流すなど、**五感に訴えた営業は、人間の根底にある感覚を刺激することで、お客様の購買意欲を高めます**。お客様には嗅いで、触って、見て、聞いてもらっているうちに、自然にほしいと思ってもらいましょう。

Round 4

ボクシングの試合では、頭で考えている時間はないので、自然と体が反応するように繰り返し練習をして試合に臨みます。たとえば、「右ストレートを打ってきたら、それをかわして左ボディーを打つ」というコンビネーションを身につければ、相手が右ストレートを打ってきた時点で自然とスイッチが入り、意識しなくても強い左ボディーを打つことができるようになります。

営業もボクシングも頭で考えるのではなく、**体が覚えている、体が反応するという点で同じ**です。

明日のために その㉒

「ぜひ買いたい・ほしい」と思ってもらえるように、お客様の五感に訴える。

23

お客様の本音を引き出すためのテクニック

▼ノーガード戦法その①

『あしたのジョー』では、「ノーガード戦法」というテクニックが登場します。

対戦相手がパンチを打ってくる際、相手は防御よりも攻撃に意識が向くため、こちら側にとってはカウンターのチャンスになります。相手の意識を攻撃に集中させるために、**あえてこちら側の防御を緩める戦術が「ノーガード戦法」**です。これは、「肉を切らせて骨を断つ」捨て身のテクニックです。

商談では、お客様の情報や気持ちをより掘り下げて引き出すための、売り込みをしないテクニックに相当します。たとえば、単純に「何か質問はございますか？」では、なかなか質問は出ないでしょう。お客様の中には、何が分からないのかが分からずに相談に来ている方も少なくありません。

そのような場合、お客様と人間関係ができていれば、分からないことを聞き出せることもあります。しかし普通は、最初から何でも話せる間柄にはなっていないことが多いので、ある程度こちらからリードすることが必要です。

■お客様の気持ちやニーズをより掘り下げて引き出すための7つのテクニック

①二択で質問をするテクニック

「YESかNO」あるいは「AかB」のどちらかを選ぶだけで答えられるような二者択一（二択）質問をするテクニックです。

たとえば、次のように話していきます。

●「一般的にはこのような内容に興味のある方が多いのですが、お客様は興味がありますか」**↓YES**（**興味があるかないかの二択。ない場合は内容を変えて再度質問**）

●「どちらの商品に興味がありますか」**↓B**（**AかBの二択**）

●「Bということですね。他に興味のあるものはありますか」**↓ない**（**他にあるかないかの二択**）

このケースなら、「ではBについて詳しくお話ししましょうか」とリードすれば、アポイントが取れるでしょう。**たった3つの質問で、多くの話題の中からアポイントの内容について絞り込みができます。**

このように、二択の繰り返しでお客様のニーズにたどりつくことができます。質問の選択肢次第では、自社の商品、あるいはあなたが買ってほしいと考えている商品を選んでもらえるように進めていくことも可能です。

「一般的には〜」という質問から始めると、お客様は答えやすく、他者の評判で勝ち馬に乗る「バンドワゴン効果」によって、**「安心して答えられる」「商品の選択は間違っていない」と感じてもらえる**メリットもあります。

ただし、お客様の回答が二択のどちらでもない場合、そこで話が途切れてしまうこともありますので注意が必要です。この場合、たとえば「では、以前おっしゃっていた○○はお好きですか、嫌いですか」などのように、YESかNOで答えられるやさしい二択の質問を再度繰り返してみてください。

②ネームコーリング効果

相手の名前を何度も会話に入れることによって、親しみをもってもらうことが、「ネームコーリング効果」です。しかも、**名前を呼ぶときは名字よりもファーストネームのほうが効果的**です。私であれば、「西野さん」よりも「龍三さん」と呼ばれたほうが親しみを感じます。ネームコーリング効果によって、お客様との距離を縮めてから質問するほうが、話をより深掘りできるでしょう。

③バックトラッキング法

いわゆる「**オウム返し**」です。お客様の言ったことをそのまま言い返すことで、とてもよく聞いてくれている、よく理解してくれていると感じてもらうことができ、**信頼を得てから質問すると話が進む**でしょう。

また、「オウム返し」をして、さらに「ご希望は○○ということですね」と確認することで、他に何か言い忘れたことがないか、お客様自身が考えてくれます。

④あぶり出し法

競合先をほめることで、競合先に抱いている不満をあぶり出す方法です。競合先に不安や不満があるから、あなたに話を聞きに来ている可能性があるためです。**競合先を徹底的にほめることで、「いや、実は～」と本音が出ることがあります。**

一方、本音が出ずに、そのまま競合先のよさを再認識することもあるでしょう。そのときは最初から縁がなかったと見極めることもできます。

⑤「たとえば？」「具体的にいうと？」といった質問法

掘り下げた質問をすることによって、お客様に困りごとや要望を具体的にイメージさせ、言葉にしてもらうことができます。そのため、お客様をより理解することができます。

⑥出し惜しみをする方法

本当は売りたくない、本当は人に教えたくないなどと出し惜しみをする方法です。これは「カリギュラ効果」を踏まえたテクニックで、**希少性の法則**にも関係します。

⑦本音を引き出す方法

一度断ったり突き放したりすることで本音を引き出す方法です。**機会の損失に対してお客様が抵抗を示すかどうか**見ます。抵抗があれば脈あり、抵抗がなければ現時点では脈なしと判断します。

このようなノーガード戦法として数々のテクニックを使えば、**簡単には話してもらえないお客様の本音や潜在的なニーズを引き出すことができます。**

明日のためにその㉓

二択の質問、名前で呼ぶ（ネームコーリング効果）、オウム返し（バックトラッキング法）、競合先をほめるなどによって、お客様の信頼を獲得し、本音やニーズを引き出していく。

24 購入事例と例え話でお客様のニーズを引き出す

▼ノーガード戦法その②

皆さんは何かを購入する際、すでに購入した人の体験談（事例）を聞いてみたいと思いませんか。

この商品を購入したら、どんな**メリットとデメリット**があるのか、その**未来を見せ**

てくれるのが購入事例（**お客様の体験談**）です。これは未来を想像させる「魔法のトーク」の一つともいえます。

住宅でいえば、完成した住宅の見学会です。購入事例を聞いたり、見学会に参加したりすることによって、未来の自分が購入後に満足しているかを想像することができます。

ただし、これは未来に行って購入後の自分を確認できるテクニックなので、それがお客様にとってのイメージとかけ離れていると、そのために生じる不満を挽回することが難しいという危険も伴います。そのため、これも、「肉を切らせて骨を断つ」捨て身のテクニック、「ノーガード戦法」といえるでしょう。

購入後の効果は、お客様にとって最大の関心事であるにもかかわらず、現実にはなかなか確認することができません。「お試し」という方法もありますが、「**お試し**」が**できない商品の場合には、購入事例によってその効果を、想像することができます。**

また、お客様を未来に誘うには、「もし○○だったら」といった**例え話が有効**です。購入事例も例え話も、お客様にとっては購入の疑似体験になるので、その商品の強力なアピールになるでしょう。

たとえば今、本書を購入するかどうか検討している人には、次のように話します。

「もし本書を読んで、**売り上げを10倍にすることができる**とすれば、興味はありますでしょうか」

あるいは、

「本書を読んだ方の**感想**をまとめた内容がこちらです（いくつか事例を示しながら）。本書は、営業のアプローチの仕方とボクシングのパンチの打ち方に**共通点**があり、**ボクシングに例えて解説**していて分かりやすいと評判なのですが、興味はありますでしょうか」

このように、**購入事例と例え話は、お客様が気づいていない欲求や希望も引き出す**ことができます。

ちなみに、書評を掲載しているウェブサイトやブログ、アマゾンなどのレビューも購入後の効果を知る事例の一つなので参考になります。

明日のためにその㉔

購入事例と例え話でお客様のニーズを引き出し、商品のメリット・デメリットについて検討する。これが「肉を切らせて骨を断つ」ノーガード戦法。

25 価格は脳の反応を理解して提示する

▼「痛み」を軽減するコツ

商談において、価格の話はとても重要です。「価格」と「脳」の関係について、興味深いデータをご紹介します。

『脳科学マーケティング100の心理技術』（ロジャー・ドゥーリー、ダイレクト出版、2013年）によると、fMRI（機能的磁気共鳴画像法）による脳スキャンでは、脳の反応を画像で見ることができるのですが、ｆＭＲＩを用いたある実験によると、**高すぎる価格を見聞きしたときの脳の反応は**、つねられたときの反応、つまり**痛いと感じたときの反応と非常によく似ている**そうです。

また、アメリカのカーネギーメロン大学で経済学と心理学を講義しているジョージ・ローウェンスタイン教授によると、1回1回の消費で価格が上がっていく様子を消費者が目にする販売方法が最大の痛みを引き起こすそうです。

価格が高いと感じたときに、つねられて痛みを感じたときと同じ反応を脳が示すとすれば、痛みを軽減するためにできることは次のとおりです。

・追加費用が発生しないように、1回で価格の話をする

・高いものから提案し、徐々に下げていく

このようにすれば、お客様にとっては提案を受け入れやすくなるでしょう。ただし、ただ価格を下げればいいというものではなく、品質を下げたと思われないようにすることが大切です。

価格が高いと感じたときには脳が「痛い」と感じる一方、**価格の高いものにお金を**

支払うことで、脳がより満足感を得るという事実もあります。

スタンフォード大学とカリフォルニア工科大学の研究によると、ワインの価格が1本5ドルだと思って飲んだ場合と、45ドルとだと思って飲んだ場合では、後者のほうが人間の脳はより大きな快感を覚えるのだそうです（『脳科学マーケティング100の心理技術』ロジャー・ドゥーリー、ダイレクト出版、2013年）。

つまり、支払い総額が高額でも、お客様が内容と価格に納得すれば、快感さえ覚えるということです。

ボクシングでいえば、対戦相手が「多くのタイトルを取っている有名な選手」なら、試合前に感じるプレッシャーも大きく、パンチも強烈です。当然不利な戦いになりますが、そのような偉大な選手に勝利すれば痛み以上の価値を感じるため、パンチの痛みなど忘れてしまうのと似ています。

ボクサーは「自分の命を懸けてでも勝利がほしい」と必死に戦っています。ですから、痛みを感じる暇もなく、「勝利」という自分にとって最高に価値あるものを手にするために必死で戦うのです。

脳に痛みを感じるといわれる「**予想以上の金額のアナウンス**」があったとしても、**価値がある**と思ってもらえれば、**痛みを軽減**できるだけでなく、**満足感も高まります**。

金額を伝える前に、まずは「**ほしい**」**と価値を感じてもらえるような提案**をしましょう。

明日のためにその㉕

脳の「痛み」を軽減するため、価格が高いものから提案し、価格の話は1回で伝え切る。

「痛みを忘れるほどの」価値ある提案は価格が高くても、脳がより満足感を得る。

26

デメリットや失敗例を伝えてお客様の信頼を得る

▼相手の裏をかくテクニック

営業では、お客様の予想を超えるテクニックを使うことで、お客様からの信頼感を高めることができます。

それは、**購入事例を話すときにあえて失敗例を話す**というテクニックです。お客様は、商品を購入後の効果を確認したい、商品を購入したときのメリットとデメリットを知りたいと思っています。

営業の立場からすると、メリットは話しやすいですが、デメリットについて話すことは難しいのが現実です。お客様はたいてい、営業は売り込みに来てメリットばかり話すものと思っています。

そこで、「この商品はこんなメリットがある反面、こんなデメリットもあります」というように、**あえて失敗例やデメリットを伝えます**。

そうすることで、むしろ**メリットの信ぴょう性が増し**、その**メリットが商品の特徴**

としてお客様の記憶にしっかり残るのです。

くわえて、デメリットを伝えることで、営業パーソンの誠実さや信頼感も伝わります。

営業パーソンに対する信頼感が高まり、話の信ぴょう性が増した上で商談を進めると、話を理解してもらいやすくなりますし、お客様の心にも響きます。

ボクシングでは、まっすぐに打つワンツーパンチだけでなく、ワンツーフック、ワンツーアッパーのように、ストレートと横や縦の動きを組み合わせたコンビネーションを練習します。

このようなコンビネーションは、相手の目の動きがストレートに慣れているところで打ち込むと、相手は防御がしにくいので効果的です。

ですから、お客様の想定の裏をかいて、誠実で効果的なパンチを打ち込んでみましょう。

明日のために その㉖

あえて失敗例やデメリットを話すことで、お客様の信頼感を得る。メリットと一緒に話すことで、「ストレート」とは違う効果的な「パンチ」になる。

27 予想外のトークがお客様の購買意欲をそそる

▼効果絶大な「アッパーカット」

「本当は売りたくないんです、なぜなら私が買いたいから……」

「話してしまうと皆さんほしがるので、まだ人に話したくないんです……」

こんなふうに、**お客様の予想に反するトークが、お客様の購買意欲を急上昇させる**ことがあります。

たとえば、皆さんは次の2つのラーメン屋さんのうち、どちらに入りたいと思いますか。

①おいしいと評判だが、いつでもやっているラーメン屋さん

②特においしいという評判は聞かないが、「30食限定」や「なくなり次第終了」のラーメン屋さん

おそらく皆さんは、①はいつでも入れるから、まずは②のラーメン屋さんに入るのではないでしょうか。

人はなかなか手に入らないもの、あるいは今だったら手に入るが時間が経つと手に入らなくなってしまうものに対して、どうしても手に入れようと行動してしまいます。

商品の魅力を伝えておきながら、「本当は売りたくない」などと話すと、かえってほしくなるという心理が働きます。

この「カリギュラ効果」はロミオとジュリエットのように、困難が多ければ多いほど燃え上がる恋愛にも応用されます。

ボクシングでは、ワンツーからの左フックは、ストレートに目が慣れたところに来るので避けにくいパンチです。しかし、下からパンチを繰り出すアッパーカットは、相手にとって避けにくいだけでなく、当たれば脳が上下に揺れるため、相手によって大きなダメージを与えることができます。

営業における正攻法が「**売り込みをする**」「**おすすめをする**」「**メリットを伝える**」ことだとすれば、禁止されるとほしくなる「**カリギュラ効果**」**を応用した営業テクニックは、予想外のパンチで効果絶大なアッパーカットに相当**するといえるでしょう。

明日のためにその㉗

禁止されるとほしくなる心理的効果を踏まえ、「あまり話したくない」「本当は秘密にしておきたい」などのトークで、お客様の購買意欲をくすぐる。これはアッパーカットのように大きな威力のパンチになる。

Round 4

28 希少性や損失の可能性を示して購入を促す

▼必殺パンチは何度も通用しない

「残りわずか」とか「限定○個」といった広告を見たことがあると思います。

こういう言葉を見たり聞いたりすると、ほしくないものでも魅力的に思えてくることがありませんか。

「閉店セール」という宣伝文句にも惹かれるものがあるでしょう。

心理学者のロバート・チャルディーニは、6つの「影響力の手がかり」によっていかに人々が説得させられるかを明らかにしています（『現代広告の心理技術101』ドルー・エリック・ホイットマン、ダイレクト出版、2014年）。

その中に「希少性の手がかり」というものがあります。それは、**人は手に入らないものをほしがる**ということです。

もし真剣に購入しよう、購入したいと考えているお客様に対し、「もうすぐなくなってしまう可能性があります」とか「お客様から問い合わせが入っています」というように、**希少性や損失の可能性を示すのは、購入を促すテクニックの一つ**です。

一方、希少性や損失の可能性を示しても、お客様の購買意欲が高まらない場合は、その商品に興味がないと判断できます。

ボクシング漫画のクライマックスには、最終奥義ともいえる必殺パンチがよく出てきます。『あしたのジョー』ならトリプルクロスカウンター、『はじめの一歩』ならデンプシーロールといったところでしょうか。

こういった漫画で描かれる必殺パンチは、何度も使ってしまうとありがたみもなくなり、話の盛り上がりにも欠けます。

それと同じように、お客様の商品への購買意欲の度合いを測り、購買意欲を上昇させる「希少性の法則」の効果にも限りがあります。

たとえば、「閉店セール」とか「残りわずか」といった宣伝が何度も行われていると、信ぴょう性も希少性も薄れてきてしまいます。

ですから、**こうしたテクニックもボクシング漫画の必殺パンチのように、ここぞというときにだけ使うようにしましょう。**

明日のためにその㉘
「残りわずか」といった希少性をアピールする手法は、何度も使うと効果が低下する。

29 「魔法のトーク」で商談のネックをあぶり出す
▼どんな相手でも倒せる必殺パンチ

アポイントを取るための「魔法のトーク」とは、「もし○○ならどうか」「○○ならいいのか悪いのか」という**仮定の話**をすることによって、**事前に確認できないことを確認して、お客様の潜在意識に訴える**テクニックです（〔Round 2〕‐12参照）。

ここでは、商談を成立へと導くための「魔法のトーク」をご紹介します。

「もし〇〇だったらご購入いただけますか?」
「もし〇〇だったらご契約いただけますか?」

こうしたトークで商談をクロージングすれば、**たとえ断られても、購入しない・契約しない理由を聞けるきっかけとなります**。

つまり、成約というゴールにたどり着けなかった場合、いったん戻って「では、もし〇〇なら」と、別の仮定を示して聞いていくことで、何がネックなのかを検証できるのです。

商談の途中で、実はゴールまでつながっていないことが分かるかもしれません。

つながっていないとすれば、その理由が解決できるものなら、解決すればゴールにたどり着けますし、**解決できないようであれば、その商談を進める必要はなくなります**。

そうしたことが判断できること自体、**大きな成果**といえます。

商品を購入しない、あるいは購入することができないお客様に商品をすすめたり、商品のよさを語ったりするのは、お互いにとって時間の無駄でもあり、苦痛なことでもあります。

商品をご購入いただく、ご契約をいただくことで、どちらかがメリットを享受できればよいというわけではなく、**お客様も売る側も双方が幸せになることが、最も望ましい**ことなのです。ビジネスには勝ち負けが重要ではありますが、営業は人と人との関わり合いがあってこそ成り立ちます。

ですから、結果の前に双方が幸せになることが重要ですし、お客様の本音を聞き出せさえすれば、最高の提案ができる可能性が高まります。

これは、ボクシングでいうと、「どんな相手でも倒せる必殺パンチ」である、「トリプルクロスカウンター」にあたります。

明日のためにその㉙

「もし○○だったらご購入いただけますか?」「もし○○だったらご契約いただけますか?」のトークで、商談のネックをあぶり出す。

Interval

甘いお菓子と温かいコーヒーで売上アップ？

「甘いお菓子」と「温かいコーヒー」が、商品購入の後押しになる可能性があるといわれています。

マイアミ大学のフリオ・ラランとフロリダ大学のクリス・ジャニズウェスキーの研究結果によれば、甘いお菓子に手を出した被験者は、手を出さなかった被験者に比べ、高額商品をより尊ぶそうです。

つまり、**チョコレートを食べたせいで、高額商品を買いたくなることがある**ということです。逆に、甘いものに手を出さない人は、他の誘惑に負けない強い心構えを一層強くしたという研究結果もあります。

また、エール大学のジョン・バーグは、**飲み物の温度によって人が他人に対する評価を変えることを発見**しました。それによると、温かいコーヒーを出すことで、こちら側の性格を温かい性格であると感じてくれ、飲んだ本人も温かい心

情をもつことができるそうです（『脳科学マーケティング100の心理技術』ロジャー・ドゥーリー、ダイレクト出版、2013年）。
そうであるとすれば、甘いお菓子と温かいコーヒーをセットで出すことで、相乗効果が出てくるでしょう。
冷たいコーヒーから温かいコーヒーを出すことに変え、そこに甘いお菓子を添えてみる。
そんなおもてなしをしてみてはいかがでしょうか。売上アップにつながるかもしれません。

Round 5

新規顧客の紹介につなげる
アフターフォロー術

30 購入後のことにも意識を向けてお客様との関係を深める

▼パンチの威力を高めるコツ

日々の努力が実って成約に至ったら、営業はそこで終わりではありません。新たなお客様を得るには、**アフターフォロー**がきわめて重要です。

そこで〔Round 5〕では、アフターフォローで注意すべきポイントや**クレーム対応**について解説します。

営業パーソンは、契約を取るため、注文を取るために、日々努力しています。しかし、営業において成約をつかむためのテクニックの効果は一時的なものです。

お客様との関係は、商品を売った後、納品した後も、他の商品に乗り換えない限り続くわけで、**良好な関係を継続するためには、長距離走のように効果が長く続く方法が必要**となります。

新規契約であれば、契約を取るために、目の前のことに力を入れなければならない場合もあるかもしれません。

それでも、**商品の購入後に目を向けて**、購入後にはどんなことに気をつけたらよいか、お手入れの仕方はどのようにしたらよいか、といったことをお客様にお話しすること、つまりは**目の前の契約から少し力を抜いて営業活動をすること**で、お客様との**関係を深め**、結果的に**営業の効果を高める**ことができます。

ボクシングでは、パンチを強く打つことを意識するよりも、手数を出すように意識する、あるいは体全体を使って打つように意識します。力まずにパンチを打つことで、持続力もスピードも威力も増すのです。

とはいえ、試合になると、相手に強いダメージを与えようとして、強いパンチを打つことを意識しがちです。練習でできていたことが試合では発揮できない原因の一つには、力みすぎということがあるかもしれません。

営業においても**目の前のことに固執せず**、一歩引いて見て考えることで視野も広くなり、お客様が不安に思っていることが見えてきます。

お客様は、商品を購入すると「どんな効果が得られるか」「どんなメリットがある

Round 5

のか」「デメリットは何かあるのか」「幸せになれるのか」などと、**購入後のことに関心があります**。

一方、営業パーソンは、ついつい結果のみを追い求め、注文さえ取れれば購入後のことはおそろかになりがちです。

そのため、お客様の関心と営業パーソンの関心のギャップが、商談の不調やクレームの原因となる場合も少なくありません。お客様と同じ方向を向くためには、**購入後のアフターフォローへ意識を向けることが重要**です。

それは、お客様とのゴールの共有にもなりますし、他の営業パーソンとは違うあなただけの強みとして、大きなアピールにもなるでしょう。

明日のためにその㉚

購入後のことにも意識を向けて、お客様と同じ方向を向く。力まないことで持続力とスピードが増す。

31

お客様の不満に真剣に向き合い信頼関係を築く

▼試合に臨むひたむきな姿が心を動かす

アフターフォローでは、これから長くつき合っていくための人間関係と、品質を維持していくための綿密さや細やかな気の配り方がたいへん重要になります。

そのため、お客様とは適度な距離感を保ち、お客様からいつでも相談してもらえる信頼関係をつくっておかなければなりません。

つまり、アフターフォローでは、お客様の話を真剣に聞いて、お客様の真意を引き出すことが大切であり、**お客様の話に熱心に耳を傾けることが、どんなに素晴らしいトークよりも何倍もの効果を発揮する**のです。

というもの、**アフターフォローは、すでに利用していただいている商品の効果を高めるための活動**であり、新規の商談は、まだ使っていない商品の価値をどれだけ認めてもらえるか、つまり期待値を上げることだからです。

過去の価値を高める方法と未来の価値を高める方法では、アプローチの仕方が違います。

過去の価値を高めるためには、まず現状の把握が必要です。

ノーガード戦法によってお客様から情報を引き出し、改善が必要であれば改善点を聞き、実際に行動を起こすのです。現状に満足しているのか、それとも不満なのか。表面上は満足しているようでも、実は**お客様自身が気づいていない「潜在的な不満」**というものもあります。

改善できるものであれば、すぐに改善に取りかかることが必要ですし、商品をすでに購入してもらっている以上、返品や交換が不可能な場合もありますので、そうした不満を満足に変えるにはかなりの労力が必要です。

そのために最も必要なスキルが、**ヒアリングの技術と、お客様の不満に向き合う姿勢**なのです。

お客様の不満の内容をしっかり聞くことはもちろんですが、その不満が商品に対するものだけではなく、それまでの対応など、実は商品以外のことにもあって、商品の不備がその引き金になっているようなケースもあります。

そのため、商品の不備だからといって、交換すれば済むような単純な話でもありません。

まずは**お客様の心の奥底にある、不満の本当の原因を探ることが重要**です。

商品の交換だけで済むものなのか、**交換できないもの**であれば、より**希望に近い代替商品と交換**しなければならない場合もあるでしょう。お客様にとって最適な代替商品を選択する際にも、**ヒアリング能力が必要**になります。

プロスポーツの醍醐味は、その技術の高さだけでなく、命懸けの真剣さにあります。私たちはその真剣さ、ひたむきさ、一点のくもりもない純粋さにお金を払う価値を見いだすのだと思います。どんなに技術が高くとも、へらへら笑っていたり真剣さが感じられなかったりすると、見る人の心を動かすことはできないでしょう。

ボクシングでいえば、技術の高さよりも試合に臨む姿勢、営業でいえば、トークのインパクトや説得術のようなものではなく、長くつき合っていくことの安心感や信頼感が大切です。

明日のためにその㉛

真剣にお客様の話に耳を傾けることで信頼感を得る。アフターフォローで求められるのはヒアリング能力。

32 結果を意識しすぎず努力を積み重ねる

▼負けているほうを応援したくなる「アンダードッグ効果」

営業は、準備や努力の積み重ねで結果を出します。

もし結果が出なかったとしても、それが経験となって、筋肉と同じように体に身につきます。そして、頑張っている姿を見せていれば、必ず誰かが感動してくれたり応援してくれたりします。

セミナー講師の神尾えいじさんは、**お客様の紹介をいただくには、応援される人間になること、応援されるようになれば、自然と紹介の数も増える**といっています。

図５－１　アンダードッグ効果

負けていても、頑張りは見ている人に伝わる

応援してくれる人の期待に応えるには、何としても成果を手に入れなければなりませんが、たとえ思うような結果を得られなくても、応援してくれる人はいるのです。

マラソンや駅伝などのスポーツ観戦で、フラフラになりながら走る選手を見ると、何とか頑張ってほしい、ゴールまでたどり着いてほしいと、思わず手を貸したくなります。

負けているほうや弱いほうを応援したくなる心理的効果を「アンダードッグ効果」といいます（図５－１）。

負けたからといって卑屈になる必要

はありません。

プロとして真剣でひたむきな姿勢を見せることで、観客に感動や勇気を与え、応援してもらうことができるのです。

観客にメッセージ性のある試合を見せられるのが、本当のプロといえるでしょう。だからこそ、私たちはプロスポーツに見られるメッセージ性やストーリーに感動するのです。

営業においても、**成約を意識しすぎず、成果が出なくても腐らずに準備や努力の積み重ねを続けていきましょう。**

明日のためにその㉜

望ましい成果が得られなくても、卑屈にならず日々の準備や努力の積み重ねを続けていくこと。真剣でひたむきな姿勢を見せることで、必ず応援してもらえるようになる。

33

応援してもらうにはお客様のための努力を見せる

▼プロスポーツの応援に学ぶ

私は営業の仕事を始めた駆け出しの頃、他業種で営業の仕事をしているお客様から、「あなたの頑張る姿勢を見て、私ももう一度営業活動を頑張ろうと考えました」と嬉しい言葉をかけていただいたことがあります。

営業活動として、お客様に直筆の手紙を書いたり、お客様に喜んでもらえるような資料を作成したりすることがあります。一方で、**1人のお客様に時間をかけすぎると、他のお客様との接触機会が減ってフォローが手薄になってしまう**ため、あまりよくないといわれることもあります。しかし、当時は不器用かつ不慣れだったので、よく徹夜をしていました。

お客様からこのようなありがたい言葉をいただけたことは、お客様に喜んでもらいたいとか、幸せになってほしいというメッセージが伝わった証拠なのです。

プロスポーツの応援もこれと同じです。つまりそれは、自分の期待や希望を自分の代わりに体現してくれる選手にお金を払う行為だといえるでしょう。

たとえば、ボクシングは命懸けのスポーツであり、追い詰められた極限の状態で、両者が勝つために、そして生きるために、今まで積み上げてきた努力のすべてを体現して、私たちの代わりに夢を叶えてくれるのです。だからこそ応援にも力が入ります。

私が一人のお客として保険営業や自動車営業の方などに接するとき、つい自分の理想の営業像を重ねてしまいます。たとえば、契約のプレッシャーやノルマで大変だろうなと共感したり、「こんな提案なら嬉しいのに」「こんな対応ならもっといいのに」などと応援したりすることです。

私も客の立場として、営業パーソンの努力する姿を目の当たりにしたら嬉しくなるように、**自分の成績よりもお客様に喜んでもらうために頑張っている様子が見えると、応援するために買ってあげたい、お客様を紹介してあげたいという気持ちになります。**

お客様にメッセージ性のあるストーリーを真剣に語れるだけの提案ができれば、たとえ自社の商品をご購入いただけなかったとしても、他のお客様をご紹介いただけることもあります。

ですから、お客様にかけられる時間は長くなくても、誠意や相手を思う真心を100パーセント出し尽くしてください。

明日のために その㉝

応援をしてもらうには、お客様に喜んでほしい、幸せになってほしいというメッセージを行動で伝える。

34 紹介を得る秘訣は気軽に声をかけてもらえる基礎固め

▼売り込みや宣伝は後援会に任せる

応援をしてもらえるような営業活動をしていても、お客様がなかなか他のお客様を紹介してくれないことがあります。

その理由の一つは、他のお客様を紹介しても、成約に至らなかったりトラブルが生じたりすることに不安を覚えるからです。

紹介する側には紹介された側に対する責任があります。お客様がこれはよい商品だと思っていても、紹介された当人にとってその商品が最適かどうかは分かりません。

そういう不安や葛藤を抱えている状態で、こちらから「他のお客様を紹介してください」とお願いするのは失礼に当たる場合もあります。

紹介の秘訣は、**しつこくお願いすることではなく、いざというときに声をかけてもらえるようにすること**です。

たとえば、「この商品を購入したい、検討したいと考えている人をご存じでしたら、ぜひ教えてください」などと話してみたり、資料請求のハガキを渡してもらったり、イベントのチラシを渡してもらうなど、紹介する側・される側双方にとってプレッシャーがなく、自分の意志で協力してもらうようにすることがコツです。

もちろん、それでは強制力がないので、アポイントが取れる確率は低いでしょう。

しかし、ハガキや資料の配布に協力してもらえれば、それが興味のある人に届いて、声をかけてもらえる可能性は高まります。

皆さんも目標に向かって頑張っているときに、意外な人が応援してくれているという経験をしたことはありませんか。

今取引しているわけではなく、直接話を交わしているわけでもなく、又聞きなのに期せずして応援してくれることがあります。それは、伝聞によって話が美化されて広がるからかもしれませんが、こちらから声をかけるよりも、お客様を通じて気軽に話を広めてもらうほうが、紹介していただける効果が高まります。

ボクシングでいえば、**自分で売り込むよりも、後援会のほか、マネージャーやサポーターに推薦・宣伝してもらうほうが、効果が高い**のと同じことです。

ボクサーの努力や能力、熱意をすぐそばで見ている存在である後援会は、客観的にボクサーの魅力を周囲に伝えることができます。日々練習や試合に集中できるよう、最大限の実力を発揮できるよう、手厚くサポートしているからこそ、売り込みにも自然と熱が入るのです。

明日のために その㉞

紹介を得る秘訣は、紹介をお願いするのではなく、声をかけてもらえるようにすること。紹介する側・される側双方にとってプレッシャーがなく、気軽に話を広めてもらえるような活動を心がける。

35 応援してくれる人の特徴をつかむ

▼タニマチ、後援会の面倒見のよさに学ぶ

ボクシングや営業の経験を通じて、応援してくれたりお客様を紹介してくれたりする人には、いくつかの特徴があると私は考えています。

それは、面倒見のよい人、会社の社長さん、同じ営業職の人などです。

ある程度経済的な余裕があって、自己主張は強いがとても面倒見がよく、軽快なフットワークをもち、感情の起伏が激しい人。人情味があって涙もろい親分肌の人。

ボランティアを積極的にする人なども、よくお客様を紹介してくれます。

特に、自ら起業した社長さんは、営業も業務もこなすことが多いので、幅広い業界の方と交流がありますし、ご自身が苦労して経営してきた経験から、頑張っている人を応援してくれる傾向があります。

仕事を**応援してくれる人のタイプは、ボクシングの後援会や相撲のタニマチさんのように、スポーツ選手を応援している人ととてもよく似ています**。
私もボクサー時代には、後援会の方や勤務先の方に食事に連れて行ってもらってご馳走になったり、ボクシングの試合では「激励賞」といってお捻《ひね》りをいただいたり、大変お世話になりました。

人に助けてもらって成功した経験、幸せな体験は連鎖します。

私も、これまで多くの人から応援してもらったり、手伝ってもらったりしてきましたので、今は選手を育て応援する側に回っています。

誰かを応援している人は、ご自身も過去に誰かに応援された経験をおもちの方が多いので、応援されたエピソードを聞いても参考になるでしょう。

〔Round 2〕でご紹介した「自己開示と好意の返報性」から、お互いの身の上話をし合うと、関係がさらに深まります。

明日のために その㉟

応援してくれたりお客様を紹介してくれたりするのは、親分肌で面倒見のよい人、ノリの軽快な人、世話好きな人、会社の社長さん、自営業の人など、ボクシングの後援会や相撲のタニマチのような人が多い。

36 自分が応援している人物像に探る

▼憧れの選手を目標に努力する

ボクシング漫画では、登場人物の生い立ちなど、試合そのものよりその裏側にある背景がよく描かれます。

漫画『はじめの一歩』は、母子家庭でいじめられっ子だった主人公がボクシングと出会い、強いボクサーとの対戦を通じて、多くのライバルと切磋琢磨しながらプロボクサーとして成長していく姿を描いている物語です。

「こんなに苦労をしてきたから過酷な練習にも耐えて頑張ることができた」「いじめられっ子だったけど強くなって皆を感動させられるようなボクサーになった」といったベタな設定ながら、そうした**ボクサーが身にまとうオーラやメッセージが読者や観客を魅了する**わけです。

『はじめの一歩』にはいろいろなタイプのボクサーが仲間やライバルとして登場します。チャンピオンの鷹村さん、先輩の青木さんや木村さんなど、皆とても個性豊かです。登場人物に自分にはない魅力を感じて、あるいは自分を重ねて応援したくなります。

たとえば、完璧主義者で弱みを見せない、常に高いレベルで仕事やプライベートをこなしている人は、鷹村さんのような絶対王者に惹かれるかもしれません。私は、不器用でも努力を積み重ねて強くなっていく主人公の幕之内一歩に共感を覚えます。

実際のボクシングの試合でも、ファンとしてボクシングを見るとき、ファイタータイプのボクサーが好きな人もいれば、パンチを打たせない足を使ったスマートなタイプのボクサーが好きな人もいます。

応援する理由は、自分にはないものを選手が体現していたり、自分の好きなファイトスタイルの選手であったりすることです。

まずは、自分の応援するスポーツ選手のすごい点や魅力は何か、どんなメッセージを観客に伝えているのかを分析してみましょう。すると、自分の目指すべき方向性や足りない点に気づくヒントになるので、自分の強みと弱み、目標や価値観などを整理することができます。

これは、営業も同じです。営業スタイルや人間性には様々あります。**多くの営業パーソンを分析**して、自分が目指したい、応援したくなる「**営業像**」**を見つける**ことが、応援されるようになる近道です。**自分がよいと思うことを無理なく、でもしっかりと継続させる**ことが大切です。

営業もボクシングも、アフターフォローでは瞬発力より、持久力がものをいいます。

明日のためにその㊱

自分が応援したくなる営業パーソンはどのような人か。その理由を分析してアフターフォローに生かす。

37 お客様の心の叫びであるクレームこそ最強の営業ツール

▼想いを乗せた「ラッキーパンチ」の打ち方

商談が成約に至り、アフターフォローをする中でトラブルが生じ、お客様からクレームが寄せられることがあります。クレームが寄せられた場合は、まずはお客様の想いを受け止めてその原因を探り、原因が分かれば速やかに対応します。

クレームは何らかの想いがあることを教えてくれます。

お客様のニーズや気持ちを様々なテクニックを使って引き出さなければならない通

Round 5

図5-2　クレームはチャンス

クレームには課題解決のヒントがいっぱい

常の営業に比べれば、**クレームは課題の所在が明らかなので、むしろありがたい**と考えます。

クレームはお客様の心の叫びです。商品への期待の裏返しであることも多いため、どんなところに期待してくれていたのか、何が足りなかったのかをしっかり受け止めて分析すれば、以前よりも満足度が格段にアップする可能性があります。

最良のマーケティング分析の材料にもなりますので、クレームをチャンスととらえて前向きに対応しましょう（図5-2）。

クレームの中には商品に対する「想い」からではなく、ストレス解消や心の寂しさから、自分の感情をぶつけてくるものもあります。今世間を騒がせているような、土下座させてYouTubeにアップするような人は、**商品への想いではなく、心の寂しさ**からそうした行動を起こすのではないかと考えます。

こうしたケースでは、想いを受け止めてあげれば収まる可能性もありますが、商品やサービスとは関係がないところで起きていることなので、エスカレートする場合には法律を相談する機関に問い合わせるほうがよいでしょう。

『はじめの一歩』にこんなシーンがあります。デビュー戦から無敗で日本タイトルに挑戦する主人公の幕之内一歩に、チャンピオンである伊達英二が立ちはだかります。パンチ力で勝る一歩に対し、家族のために負けられないという強い想いをもった伊達のパンチのほうが重いと鷹村は言うのです。これまでの人生における苦労や経験が想いとなって試合に表れるわけです。

絶対負けられないという強い意志がパンチの重みを増し、拳に気迫がこもる命懸けのパンチは、跳ね返すことも難しいほどの威力があります。

ボクシングでは、こうした重みのあるパンチのことを「ラッキーパンチ」といいます。たまたま運よく当たったラッキーなパンチのことを指す場合もありますが、私は、「運命的（lucky）な想いを乗せた重いパンチ」かつ「幸運を引き寄せるほどの奇跡的なパンチ」だと思います。

試合では、スタミナやパンチ力に勝る一歩ですらも、決死の覚悟で臨むチャンピオンの伊達のパンチには及びませんでした。

パンチに気迫がこもり重みが増すように、営業におけるトークでも話す人の想いや気迫というものが伝わります。

そして、想いを乗せたトークは、お客様の信頼感を増すのです。

明日のためにその㊲

クレームをチャンスととらえて、最良のマーケティング分析の材料にする。課題を改善すれば、お客様の満足度をアップすることができる。

Interval

紹介をいただくにはお客様のために行動する

「紹介の秘訣」はお客様から応援してもらえるようになること。そして、商品や会社への関心よりも、**「あなたはなぜこの仕事をしているのか」という質問が出るかどうかを常に意識している**と、前述のセミナー講師の神尾えいじさんは言います。

この質問が出たときは、商品よりもあなた自身に多少なりとも好意を抱いているので、商品や紹介依頼の話をしても売り込みのようには感じないはずです。紹介をしてもらいやすいのは、この質問が出たときです。

この質問が出るまでは、交流会やセミナーなどでお客様のためになる活動をし続けることです。

つまり**「無償の愛」**を提供し続けるのです。

お客様に商品よりも自分に興味をもってもらえるようにするためには、まずは

Round 5

ジャブを打ってお客様との距離を測り、お客様のことを知り、右ストレートに相当する**「お客様にとって効果的なトーク」**を打ち込みます。

すなわち、営業ではまず気持ちのいい挨拶からの自己開示、オープニングトーク、お客様が話をしてくれるようになったら話を深掘りして話題を広げ、インサイトまで引き出します。本書でご紹介したテクニックを使えば、たいていのお客様には興味をもってもらえるはずです。

そして、紹介情報をいただくために営業パーソン自身に興味をもってもらうには、応援される状態をつくっておく必要があります。

応援される人の特徴やコツがいくつかあります。

一つは「アンダードッグ効果」を踏まえ、負けても一生懸命な姿勢を見せることが大切です。

負けたほうがよいということではありません。負けてばかりでは後援者を落胆させてしまいますが、勝てば後援者を喜ばせることができます。

もう一つは、自分自身が応援している人物像を演じられるように努力することが大切です。

そして、無償の愛を提供し続けることで、必ず応援してもらえるようになります。

たとえ具体的な恩恵を得られなくても提供することが無償の愛です。月並みですが、結局は**お客様のために行動することが応援される秘訣であり、紹介情報が得られる秘訣**なのです。

結果がすぐに出ないこともあるでしょう。それでも結果を求めるのではなく、お客様のために行動し続ければ、きっとお客様のほうから声をかけてくれるはずです。

おわりに

少子高齢化、空き家問題、年金制度問題など、将来に向けて課題は山積し、そこへきて新型コロナウイルス感染拡大と明るいニュースはありませんが、人とのつながりやスキンシップなど、やはり人間はいいなと思えることはいつの時代にも存在します。そういう感動がさらに増えていく社会になればと思います。

営業という仕事は、人とのつながりを基本として人に感動を与え、その付加価値の対価をいただく仕事だと思います。サラリーマンであっても起業した人であっても、最初の仕事はまずお客様を探す営業から始まります。

商品力があれば、「必殺パンチ」は商品そのものになるのかもしれませんが、それでも「必殺パンチ」を当てる確率を上げるためには、「ジャブ」を打って相手との距離を測り、相手の体勢を崩し突破口を開かなければなりません。営業なくしてはどんなよい商品も世に送り出すことができないからです。

近年では、Ｗｅｂによる集客が常識となり、対人営業は必要ないという考えもあります。たしかに効率はよいですが、そんな時代だからこそ、かえって対人営業は新鮮で人の心を打ち印象に残ります。しかし、コロナ禍の今、従来の対人営業が思うようにできません。Zoomなどによるリモート面談のほか、直筆の手紙やこまめなメールを活用してつながりを強めていくことが有効です。その際、相手に合わせた内容にアレンジすることも忘れないでください。

私自身、本書の執筆にあたり、いろいろな方の気持ちに触れ、コミュニケーションを取り、感動をいただきました。

まずは、親身なアドバイスをいただいた、合同フォレストの山崎絵里子取締役、山中洋二社長。

そして、出版への道をつくってくださったネクストサービスの松尾昭仁先生、いつも相談に乗ってくださった大沢治子様。ネクストサービスの同期のメンバーや出版経験のあるＯＢ、ＯＧの方々。

また、いろいろとご協力いただきましたreason大貴ボクシングジムの齋藤友彦会長代行をはじめ、トレーナーの皆様、会員の皆様。

すべての皆様に厚く御礼申し上げます。

住宅メーカーでの注文住宅の営業という仕事は、大きな組織の中では制約もありますが、できることはたくさんあります。社員の想いを「ノーガード戦法」で引き出して、「トリプルクロスカウンター」のような心を打つストーリーを乗せて、社員の意欲、そして出会う人すべての意欲を高めていくことができればと考えています。

最後に、本書が少しでも皆様の営業活動のお役に立つことができたら幸いです。また、営業職以外の方にもご自分をアピールしたりプレゼンテーションしたりする際に、きっと役立てていただけると思います。

私は住宅営業職だけでなく、ボクシング界、出版業界の発展のためにもご協力したいと考えています。

こんな私にお手伝いできることがございましたら、いつでもお声がけください。

ボクシング式営業術伝道師
西野龍三

2020年5月

●著者プロフィール

西野龍三（にしの・りゅうぞう）

ボクシング式営業術伝道師
宅地建物取引士
住まいの診断士
元プロボクサー

1972年生まれ、埼玉県春日部市出身。

少年時代は文武両道、いわゆる優等生であったが、自分の意見がまったく言えず、人の評価ばかり気にして行動できない性格だった。そんな自分に嫌気がさし、自分を変えるためにボクシングを始める。

1996年プロデビュー。元WBC世界フライ級チャンピオンの内藤大助氏とプロデビュー戦で対戦。デビュー戦の敗戦を引きずり、その後5連敗するが、KOでの初勝利から3連勝。最終戦績は9戦3勝（1KO）6敗。

引退後は2000年から大手住宅メーカーで注文住宅の営業に携わる。ボクシング経験から編み出した営業テクニックで、まったく売れないスランプ期を乗り越え、2015年に業績表彰を受ける。最終的には100棟以上の受注、引渡実績を上げた。

休日には、越谷Reason大貴ジムのトレーナーやセコンド（ボランティア）として、選手の育成からフィットネス、ダイエットの指導も行っている。

妻と長女の3人家族。趣味はボランティア、人に喜んでもらえること、人が困っていることを改善すること。

企画協力　ネクストサービス株式会社　代表取締役　松尾　昭仁
組　版　GALLAP
装　幀　ごぼうデザイン事務所
イラスト　Shima.

元プロボクサーが発案
売れる営業に変わる37のトレーニング

2020年6月25日　第1刷発行

著　者　西野　龍三
発行者　山中　洋二
発　行　合同フォレスト株式会社
郵便番号 101-0051
東京都千代田区神田神保町 1-44
電話 03（3291）5200　FAX 03（3294）3509
振替 00170-4-324578
ホームページ　https://www.godo-forest.co.jp
発　売　合同出版株式会社
郵便番号 101-0051
東京都千代田区神田神保町 1-44
電話 03（3294）3506　FAX 03（3294）3509
印刷・製本　新灯印刷株式会社

ISBN 978-4-7726-6150-8　NDC670　188×130